知識ゼロからの中国ビジネス入門

Introduction to business in China

NPO法人アジアITビジネス研究会 理事
吉村 章
Akira Yoshimura

幻冬舎

はじめに

この本には実践ですぐに役立つ「基本的な知識」と「注意ポイント」をイラストを交えてわかりやすくまとめました。これから中国ビジネスを始める皆さんに、まず読んでいただきたい中国ビジネス入門の「教科書」です。

知っておけば起きずにすむコミュニケーションギャップや、知らないために犯してしまう簡単なミスなど、中国ビジネスを始める皆さんにとって「転ばぬ先の杖」となる内容を盛り込みました。中国出張の前に、現地赴任の前に、または中国からの研修生や観光客を受け入れる前に、まずはこの本をご一読ください。皆さんがこれから取り組む中国ビジネスの第一歩の「道標」となるはずです。

好むと好まざるとにかかわらず私たちは「中国」という巨大な隣人と向かい合っていかなければなりません。世界経済の中ですでに「中国」はあらゆる分野で無視できない存在になりつつあります。どうせつき合っていくなら前向きにつき合っていきましょう。

「ルールを守らない」「マナーが悪い」「モラルが低い」「約束を守らない」など、マイナス面ばかりに目を向けて決めつけるのではなく、彼らの価値観や考え方、またそれを育んできた歴史的な背景にも目を向けてみましょう。中国人に対するマイナスイメージのほとんどが「誤解」だったり、「一方的な見方」だったり、私たちの「常識」がむしろ特別なものであることに気づかされます。

皆さんの「異文化理解」を深めるため、ゼロからの知識の扉を開くため、この本を執筆しました。中国ビジネスに「前向き」の姿勢で取り組むことの大切さ……。その思いが伝われば幸いです。

吉村 章

中国ビジネス
スキルアップ研修
講師 吉村章
やぁ 久しぶり 田中さん いつぞやは 色々 ありがとう ご苦労様 でした
いや ちょうど 今講義を 終えたところ だよ
実は 吉村さんにご相談が あって……
中国ったって 隣の国だし なんとか なるんじゃ ないかと……
部長、にさ 頼られ ちゃって… 君の采配で……
高橋さん さすがッスねー
今度中国に 出張する友人が いるのですが…… それが少し…… 頼りないところが ある人で……
助言してあげたいん だが……弱ったなぁ 来週からしばらく 東京を離れなければ ならないんだ…… 準備もあって……
申し訳ないが……
ん！
いるよ ここに 頼りになる やつが！
ちょっと 待って

陳くん!

……

わかりました 彼に連絡させます ありがとうございます!

中国ビジネスに詳しい人だよ! 探してるんでしょ?

会ってくださるって!

この人に連絡してみて
?

いつもながら顔の広い人だ ……スゴイ
中国でお世話になった陳くんです
中国出張を命じられた友人高橋さんを案じる田中さんは中国ビジネスに詳しい吉村章さんを紹介した。

そこで待っていたのは中国人の陳さん。

ふたりは年齢も近く業種も同じせいか不思議と打ち解けるのに時間はかからなかった。

もくじ

Part2
商習慣をおさえてビジネスでの失敗を防ぐ
テーブルマナー、支払い関係……知らなければ信頼関係は築けない

失敗！ 中国流ビジネスマナー

もくじ

Part3

広大な中国では地域によってまったく違う
生活習慣を把握し、マーケティングをおこなう

生活習慣の違いをおさえる

Part4
グローバル経済の主役に躍り出た世界第2位の経済大国
政治・経済の動きを知ればビジネスチャンスが見えてくる

Part5
バックグラウンドを知らずにビジネスは始められない
中国の地理・歴史を1時間でマスターする

地理

もくじ

Part1

取引、人材育成……さまざまな場面に必要

価値観を理解して、ビジネスをスムーズにする

中国でビジネスをするには
中国人との円滑なコミュニケーションが求められる。
そのために必要なのは、彼らの考えを理解すること。
すべてに共感し、染まる必要はない。
知っているだけで状況は大きく変わってくる。
まずは彼らの持つ「価値観」をおさえよう。

中国人の「不思議な行動」の根底には彼らの価値観が

気になる中国人の不思議な行動

世間体

どうして中国人は大声で話すの？

——気持ちを「察する」のではなく、言いたいことは「主張する」文化

この前電車で中国人の観光客がいたんだけど
ケンカしてるのかと思ったら
途中で笑ったりもしていて……
すごい剣幕だったからビックリしたよ
それはケンカでもなんでもなくて普通のことなんだよ

まるでケンカしているように話す。大声でまくしたて、自分の言いたいことをはっきり言う姿は、テレビのニュースや日本の観光地でもよく見かけるが、彼らにとっては当たり前のこと。なぜなら、「自ら主張することが評価される文化」だからだ。

それに対し日本の文化は「空気を読む」「相手の気持ちを察する」ことが評価される。中国人は「自分中心で勝手なことを言う」「相手の立場を考えない」と思われがち。逆に中国人からは「主張しない日本人」のほうが不思議だ。

「以心伝心」「空気を読む」ことは期待しない

「主張する」文化

BとC'で
OK
X
Y
A B C D E
A' B' C' D' E'

1 まずは自分の意見をすべて出す

自分の主張したいポイントをはっきり相手にぶつける。反論されても、反論に反論を返しながら徹底的に自分の主張を補強する。

2 消去法で論点を絞り込む

ひと通り主張が出揃うと、互いの主張を「査定」し、自分に分の悪い主張は引っ込め、論点を絞り込んでいく。

3 落としどころを見つける

絞り込んだ論点の中から、互いが自分にとってできるだけプラスになる方向性を模索し、落としどころを必ず見つけ出す。

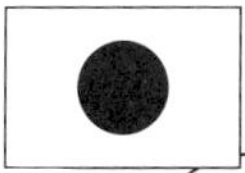

「悟り合う」文化

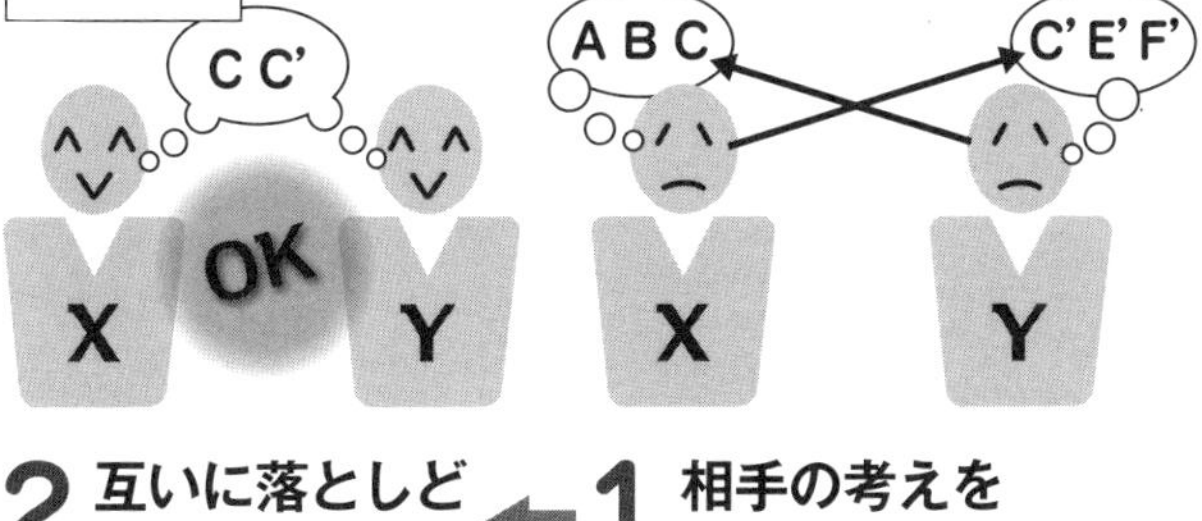
C C'
OK
X
Y
A B C
C' E' F'

1 相手の考えを「察する」

自分の主張よりも、互いに「相手の気持ちや考えを察する」ことが重要とされる。遠回しな表現で、相手に悟ってもらうよう気持ちを伝える。

2 互いに落としどころを探り合う

相手に悟ってもらった論点から外れないように「空気を読み合いながら」自分にプラスの結論が出てくることを期待する。

「以心伝心」は通用しない
言うべきことは
はっきり伝えたほうが
よさそうだなぁ

世間体

中国人は列に並ばないというけれど……

──「世間体」という概念は持っていない

高橋さん
陳さん
「中国人は列に割り込むっていう話、よく聞くよね。テレビでも見たことあるし」
「観光客が日本の券売機に並ばずに殺到するっていう話も聞いたなぁ」
「日本だったら、周りに迷惑がかかるし、そんなことできないよ」
「中国人がそれをできるのは『世間』という感覚が希薄だからなんだよ」

たとえ法律やルールで決められていなくても日本人は「世間に恥ずかしい」行動はしないように教えられている。反対に中国人は公共マナーを守らないと言われるが、そもそも中国には「世間」という概念が希薄で、あまり周りの目が気にならない。

中国人は「公徳」と「私徳」に分けて考える。「公」とは「世間」ではなく、自分が属するコミュニティ（P.20）。バスや地下鉄で我先にと乗り込んでも、お年寄りが来ると「私徳」として席を譲る。

さらに中国では、法律やルールのとらえ方も根本的に異なる。日本では、決められた法律やルールを「破らないように」その枠の中で動く。それに対して、法律やルールは「守らなくてもいい部分を探すために」存在するというのが中国流。長い動乱の歴史の中で、為政者や法には期待をせず、自分で自分の身を守らざるを得なかった。

法律やルールに規定されていない行動で法の網をくぐり抜けることは、法を破ることにならない。世間体という見えないルールを大事にする日本人には、理解しがたい一面かもしれない。

「マモル」を守らない中国人

マ(マナー)モ(モラル)ル(ルール)に対する感覚の違い

日本
「世間」と照らし合わせ善し悪しを決める
「世間に迷惑がかかる」「世間体が悪い」という言葉があるように、周囲の評価を基準にする〝恥の文化〟が浸透している。

欧米
「神様」との契約が善悪を判断する基準
宗教的な戒律や、自分自身の良心に基づいて「神様の意に反するような」ことはしないという〝罪の文化〟が基準にある。

中国
「自分」「仲間」が判断の基準
「自分や自分の属するコミュニティ」にとってデメリットになることはしない。個人の利益、仲間との利益の共有が基準になるのが中国。

属するコミュニティ(P.20)のためなら、ルールを厳守する

ルールに対する考え方も大きな違いが

「上有政策下有対策」っていう言葉はルールに対する感覚を象徴している
国（上）が定めたルールはルール
現場（下）はフレキシブルに対応する
「ルール」という網を食いちぎってエサを食べに行くのはダメだけど網をすり抜けておいしいエサを食べて戻るのはルール違反にはならないんだよ

ホンネとタテマエ

言うことがコロコロ変わってよくわからない

――どんな場面でもホンネとタテマエを使い分ける

「中国人は、言うことがコロコロ変わるから、気をつけてね」

「えっ……。なんでコロコロ変わるの？　一貫性がないの……？　なにか意図があるの？」

「するどいね。そう、彼らの意見が時と場合によって変化するのは、中国式の交渉術なんだよ」

前回言っていたことと、今回言っていることが違う。Aさんに言ったことと、Bさんに言ったことも違っている――。もしも、ビジネスの交渉の場で、こんなふうにコロコロと言っていることが変わったとしたら、日本では恐らくビジネスが成立しないはずだ。

ところが、それが当たり前のようにあるのが中国のビジネス。日本人には、一貫性がなく信用できない、と思われてしまうが、こうしたやり方こそが中国式交渉術だということを覚えておこう。

なぜ、そんなことをするのか。実は、コロコロ変わる意見や発言の中に、彼らのホンネとタテマエが潜んでいて、その時々の状況で意図的に使い分けることで交渉を優位に進めようとしているのである。

たとえ、矛盾することになっても「今は、このほうが得策だ」と判断すれば、彼らは平気で前言を撤回する。ときには面子を盾にタテマエ発言に終始する。そうかと思えばぽろっとホンネをぶつけてくる。この使い分けの「妙」が中国人の交渉術なのだ。

日本のビジネスでは「ホンネは隠すもの」だが……

日本の「日の丸ホンネ」

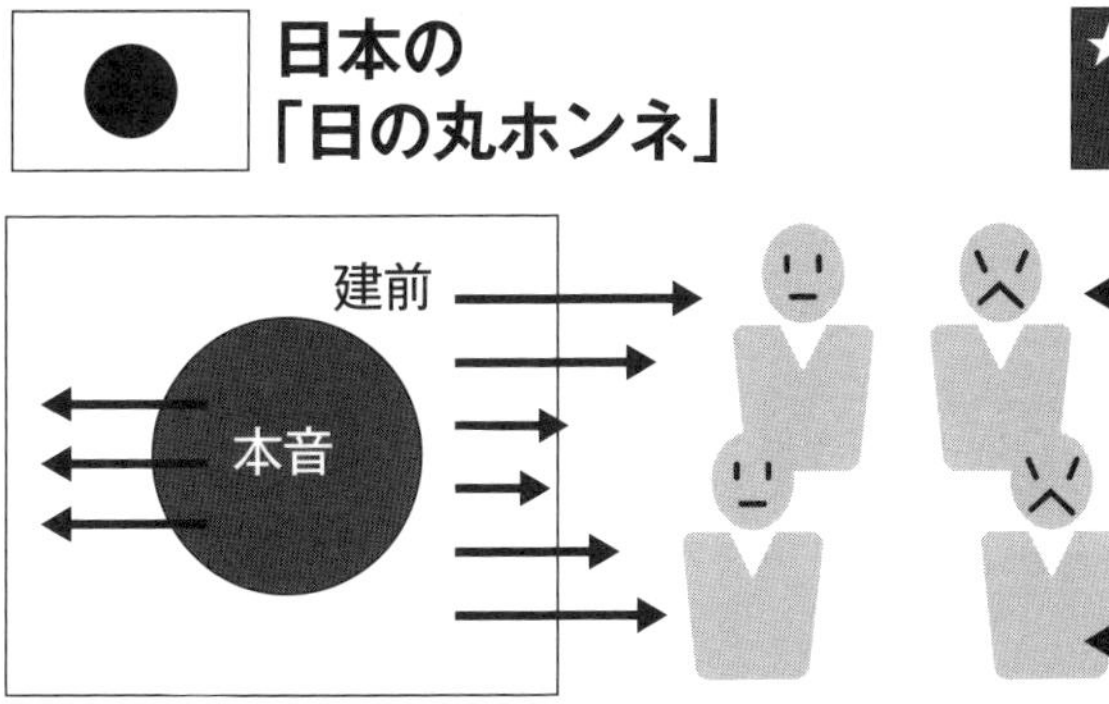
建前
本音

タテマエで接してホンネは悟ってほしい

相手に対して自分からはホンネを出さない。相手に悟らせてホンネをくんでもらうことで話が進む。ホンネは口にしないのが美徳なのだ。

中国の「太極ホンネ」

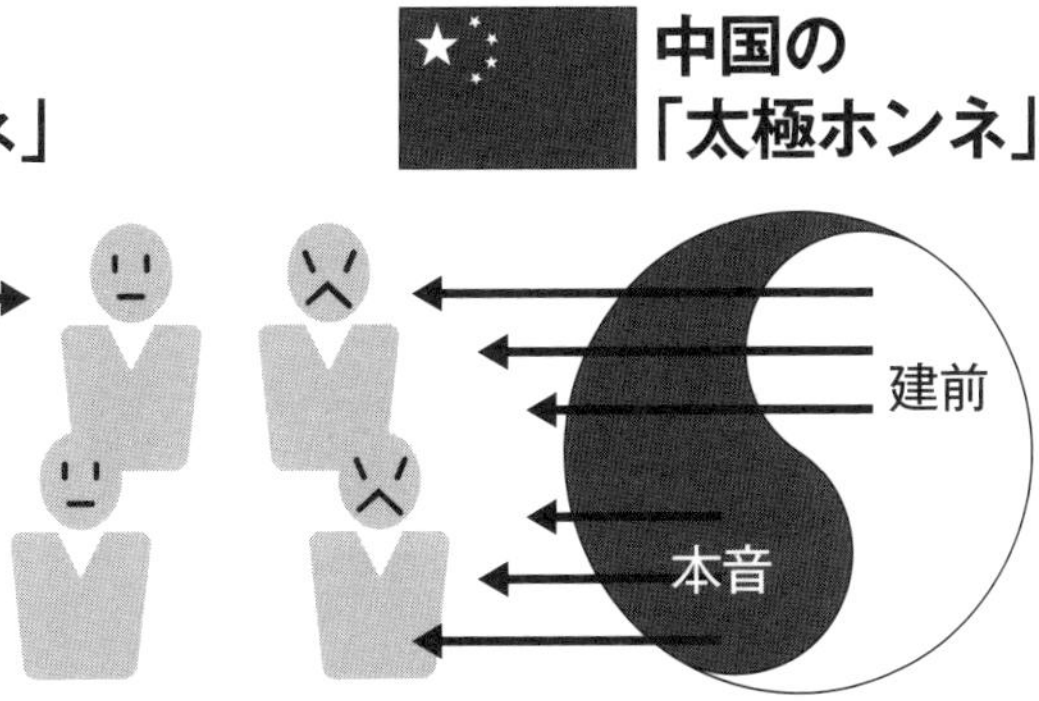
建前
本音

ホンネ、タテマエを必要に応じて使い分け

時にはタテマエを、時にはホンネを次々とぶつけてくる。タテマエがホンネに変わったり、またその逆になったりと裏も表も交渉の武器に使う。

Column

交渉時のなにげない質問に注意

「日本にはいつ帰国?」なにげない質問でも、実は相手の本気度を知ろうとするのが中国人。帰国日を告げることは相手に「交渉期限」というカードを渡すことに。安易に告げず、「交渉が決着するまで帰りません」と毅然とした態度でのぞもう。

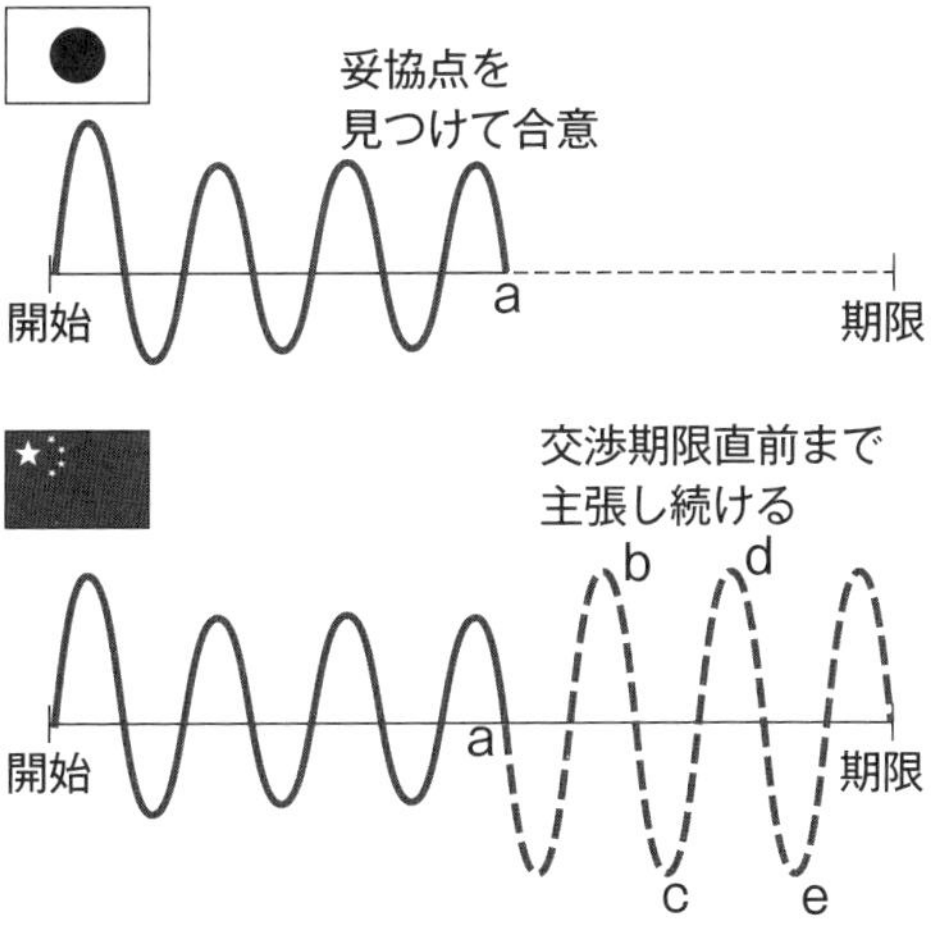
妥協点を
見つけて合意
開始
a
期限
交渉期限直前まで
主張し続ける
b
d
開始
a
期限
c
e

日本人は a 地点で合意できると「交渉がうまくいった」と考える。中国人は一度合意しかけても自分に有利な条件を引き出そうと b、c、d と主張をくり返す。まとまりそうになくても必ず期限までに落としどころを見つける。

One Point

タマゴ型コミュニティ

自分と家族、自分と他人……人間関係の根底にある

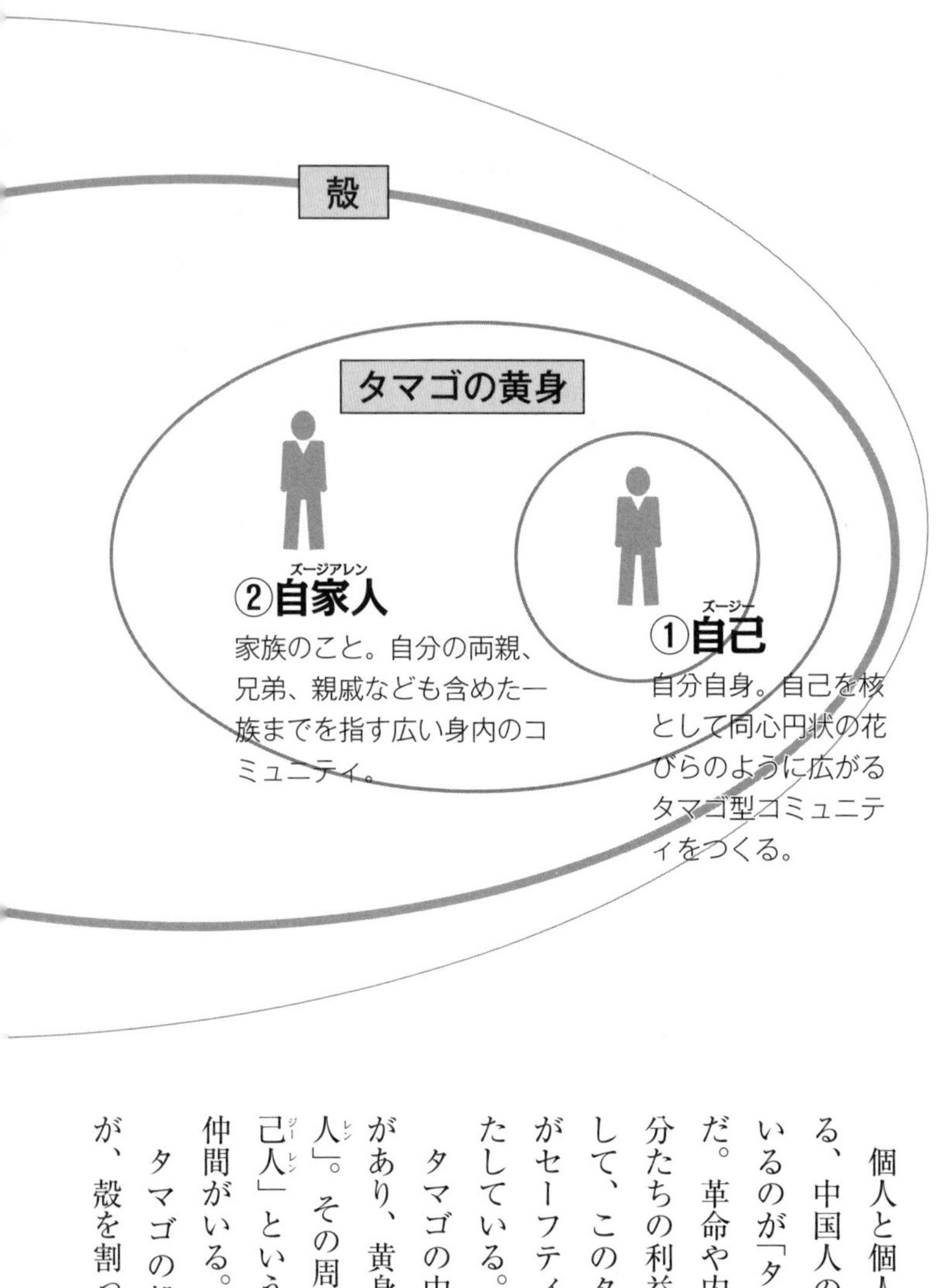
殻
タマゴの黄身
②自家人《ズージアレン》
家族のこと。自分の両親、兄弟、親戚なども含めた一族までを指す広い身内のコミュニティ。
①自己《ズージー》
自分自身。自己を核として同心円状の花びらのように広がるタマゴ型コミュニティをつくる。

個人と個人のつながりを重視する、中国人の価値観をよく表しているのが「タマゴ型コミュニティ」だ。革命や内乱の歴史の中で、自分たちの利益を守るシェルターとして、このタマゴ型コミュニティがセーフティーネットの役割を果たしている。

タマゴの中心に自分自身「自《ズー》己《ジー》」があり、黄身の部分が家族「自《ズー》家《ジア》人《レン》」。その周囲の白身の部分に「自《ズー》己《ジー》人《レン》」という家族同様に助け合う仲間がいる。

タマゴの殻までは接近できるが、殻を割って中に飛び込むには

図解出典：『知っておくと必ずビジネスに役立つ中国人の面子』（総合法令出版）

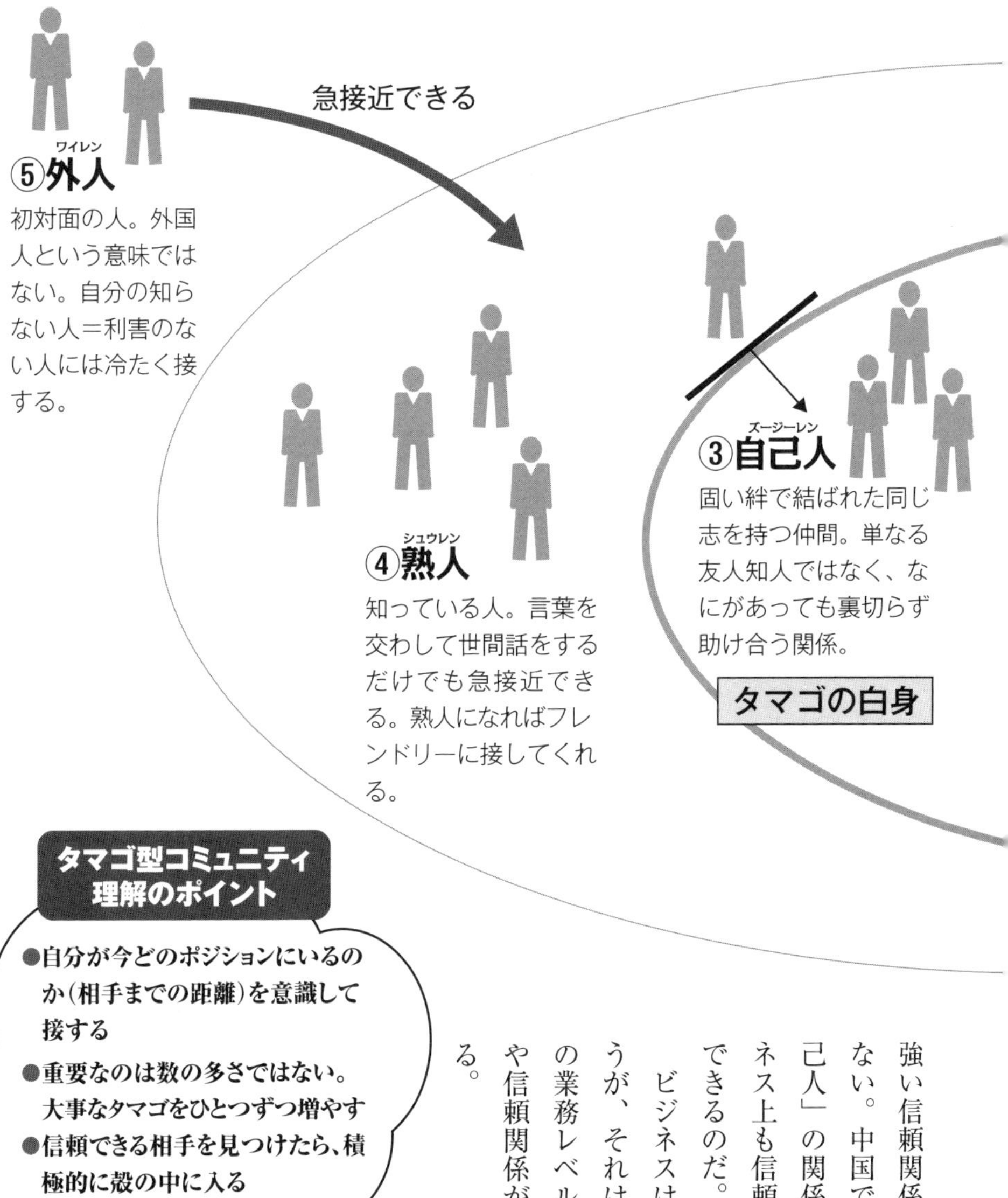
急接近できる
⑤外人《ワイレン》
初対面の人。外国人という意味ではない。自分の知らない人＝利害のない人には冷たく接する。
④熟人《シュウレン》
知っている人。言葉を交わして世間話をするだけでも急接近できる。熟人になればフレンドリーに接してくれる。
③自己人《ズージーレン》
固い絆で結ばれた同じ志を持つ仲間。単なる友人知人ではなく、なにがあっても裏切らず助け合う関係。
タマゴの白身

タマゴ型コミュニティ理解のポイント
●自分が今どのポジションにいるのか（相手までの距離）を意識して接する
●重要なのは数の多さではない。大事なタマゴをひとつずつ増やす
●信頼できる相手を見つけたら、積極的に殻の中に入る

強い信頼関係を築かなければならない。中国ではタマゴの内側「自己人」の関係があるほうが、ビジネス上も信頼され長いつき合いができるのだ。

ビジネスは会社対会社でおこなうが、それは契約上のこと。実際の業務レベルでは個人のつながりや信頼関係が「鍵」をにぎっている。

いやー
陳さんの話は
ためになるよ
お礼に
今度
ごちそうするね
ありが
とう……
そうそう
中国に
行く前に
覚えておいて
ほしいいん
だけど
中国で
「割り勘」は
NGだよ
えっ
そうなの!?
うん
それが絆を強める
ツールになるんだ

金銭感覚

食事代、割り勘はなしって本当?

——貸し、借りをつないで人間関係を深める

日本では、仲間どうしの食事や飲み会での「割り勘」は、よくあること。ところが中国ではNG!

食事会を企画した人が「貸し」をつくり、ごちそうになった人は次の機会に「借り」を返す。これを互いにくり返し関係を深めていくのが中国流だ。貸し借りなしの割り勘をすることは、人間関係も「清算」することになる。

若者の間では「AA制」と呼ぶ割り勘もあるが、一般的には貸し借りがある関係のほうが親密。借りをすぐ返そうとあせらないほうがいい。

食事会を主催した人が全額払うのが基本

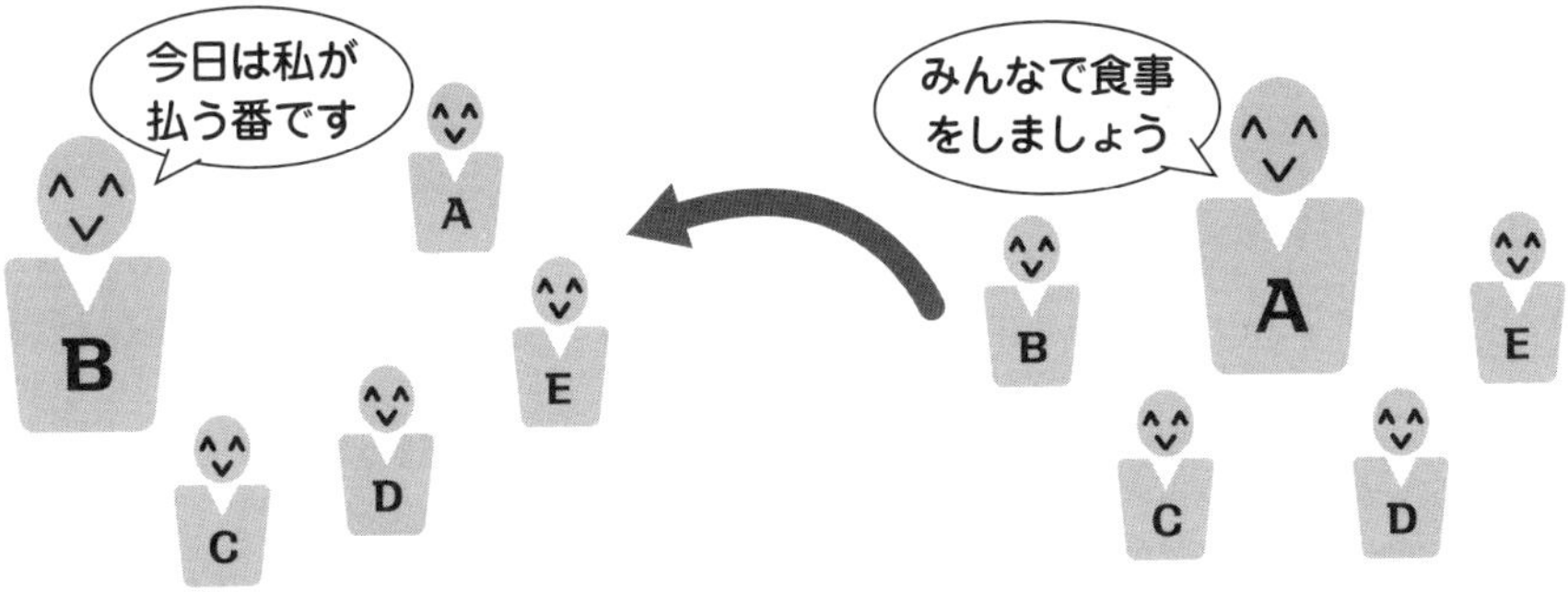
今日は私が払う番です
B
A
E
C
D
みんなで食事をしましょう
A
B
E
C
D

「借り」を返すために、今度は別の人が食事会を開催して支払いを持つ。このくり返しで人間関係を深める。

食事は誘った側が支払いをすべて持つのが中国ルール。誘われたら遠慮せず素直にごちそうになるのがルールだ。

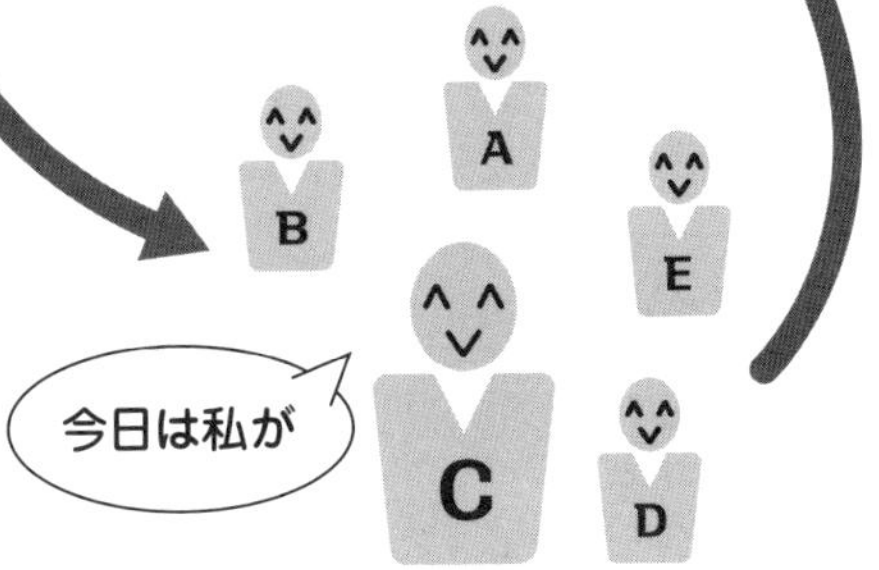
A
B
E
今日は私が
C
D

「貸し」と「借り」をくり返して関係を維持する

貸し借りは一度だけでは終わらせず、くり返すことで、定期的に仲間と会う機会をつくる。くり返すことで絆が強まっていく。

すぐに借りを返そうとしない

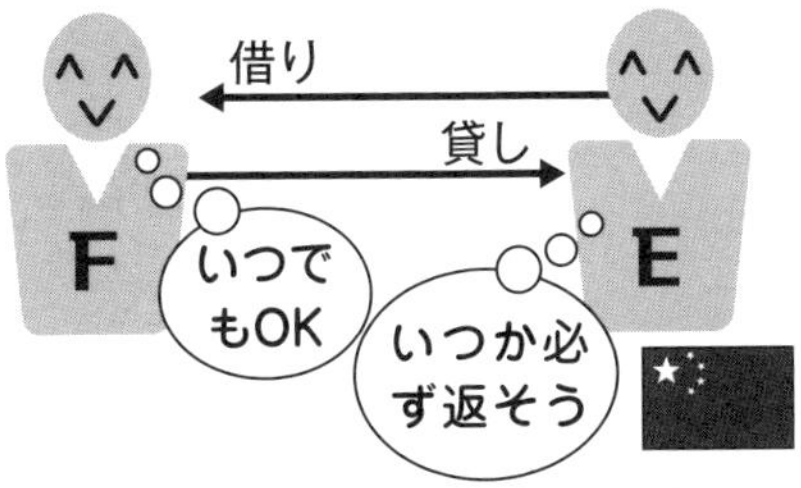
借り
貸し
F
E
いつでもOK
いつか必ず返そう

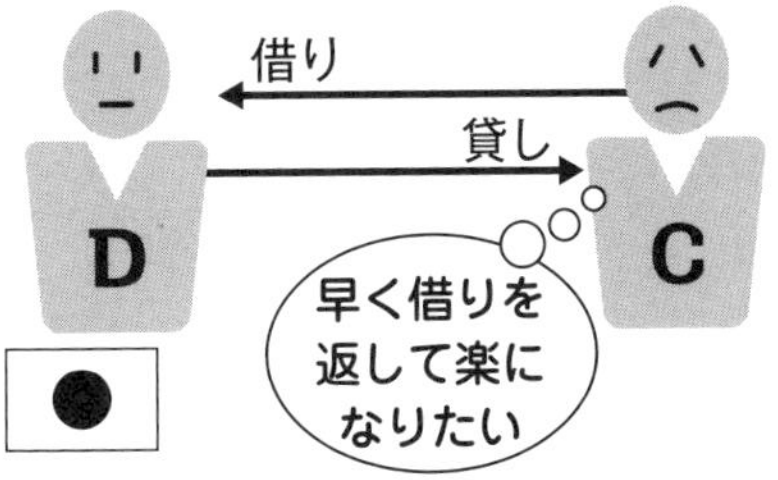
借り
貸し
D
C
早く借りを返して楽になりたい

貸し借りは、互いの「資産」と考える。早く返すよりも、大きく育てるもの。親から子世代に引き継がれることもある。「人情の貸借関係」を重視。

親しい関係ほど、貸し借りはないほうがいいと思うのが日本。借りは早く返して、互いにサッパリしたいという気持ちが強い。「貸し借りなし」を重視。

「高橋さんは、上司にごちそうになったら翌日なんて言う？」

「昨日はごちそうさまでしたって言うよ。それは当然の礼儀じゃない？」

「たしかに、日本ではそうかもしれないけど、中国人は面子にかけてお礼を言わないんだよ」

「え、そんなー！　日本ではお礼を言うことは当たり前なのに……」

気遣い

ごちそうされた翌日、お礼を言わない中国人

――お礼はその日のうちにすれば終わり

日ごろ、忙しくてなかなか話ができない部下を上司が居酒屋に誘って、一杯やりながら、職場ではできない話をする。上司にごちそうになった翌日、日本では部下が「昨日は、ごちそうさまでした！」と、あいさつする。しかし、もし、部下から翌日、なんのあいさつもなかったとしたらどうだろう。

「あんなに、ごちそうして話を聞いたのに、なにか一言あってもいいじゃないか」「それとも、実は、誘われて迷惑だったのか……」と、上司のほうが考え込んでしまうかもしれない。

中国ではごちそうになったお礼をその日のうちにその場で済ませるのが一般的。次の日にもお礼を言うことは、「また、ごちそうしてください」と催促することになる。面子をなにより重視する中国では、そのような行為は、自分で自分の面子をつぶすはしたない行為なのだ。日本人が当たり前だと思っていることが実は通用しないというケースも少なくない。

中国人の面子を理解することが中国人の理解につながる。

中国人は面子にかけてお礼を言わない

おはよう
おはようございます
ごちそうのお礼言われないなぁ実は嫌だったのかなぁ……
ごちそうさまでした!
昨日はあんなに楽しそうだったのに……

感謝の気持ちを何度も伝えたい

ごちそうになったり、お世話になったお礼は、その場だけでなく「何度も重ねてくり返す」のが日本。それほど感謝していますという気持ちの表れだ。

「またおごってください」と催促の意味合いに

中国では、お礼は「その場で伝える」ことが常識。後日、改めて言うのは「またごちそうして」と催促していることになり、自分の面子を自分でつぶしてしまうことにつながる。

中国人は面子にかけてお礼を言わない

「おかしいな」と思ったら、相手を悪く考えるのではなく、自分の常識を疑い、相手との違いに気づくことが異文化理解のポイント。

日本での「当たり前」を疑ってみるのがコミュニケーションの第一歩になります

コミュニケーション

いきなり「あなたの年収は？」と聞かれる!?

――一歩ずつ距離を縮める日本人、急接近する中国人

「ところで高橋さん、年収はいくらなの？」

「えっ……」

「実家はどこ？　ご両親の仕事は？　彼女いるの？　彼女はなんの仕事してるの？　結婚するの？」

「どうしちゃったの陳さん……（すごい失礼なんだけど）」

「これが中国流だよ」


ビジネスで出会った初対面の相手から、いきなり食事や飲み会に誘われたら――。日本では考えにくいことだが、中国ビジネスではよくあることなのだ。しかも、その初めての食事の席で「出身は？　未婚既婚？　年収は？　どんな家に住んでる？」と、矢継ぎ早に質問されたら、ほとんどの日本人は引いてしまうはず。それどころか「初対面なのに、なんて失礼な人だ」と憤慨してもおかしくない。ビジネスの場で個人的な質問は、よほど親しくなってからでないとしないのが日本の常識だからだ。

実はこれも、会社対会社の関係よりも、個人対個人の関係を深めることを重視する中国ならではのコミュニケーション。初対面でも、プライベートな質問をすることで、ひとつでも共通点を見つけて少しでも早く仲良くなりたいと考える中国流接近法だ。

出身地、家族、年収や住まいなどの、よく聞かれる質問には、事前に少しユーモアも交えた答えを用意しておきたい。個人的な質問こそ、ビジネスでも相手との距離を縮めるチャンスだととらえよう。

中国人と日本人はコミュニケーションのステップが違う

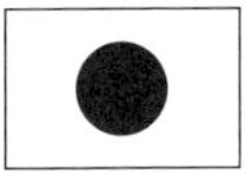

一歩ずつ階段をのぼるように関係を深める

初対面では、礼儀と節度をもって相手との距離をお互いに取り合うのが日本人。ビジネスでも、あえてふたりの間に距離感をつくり、徐々に関係を深めていく。

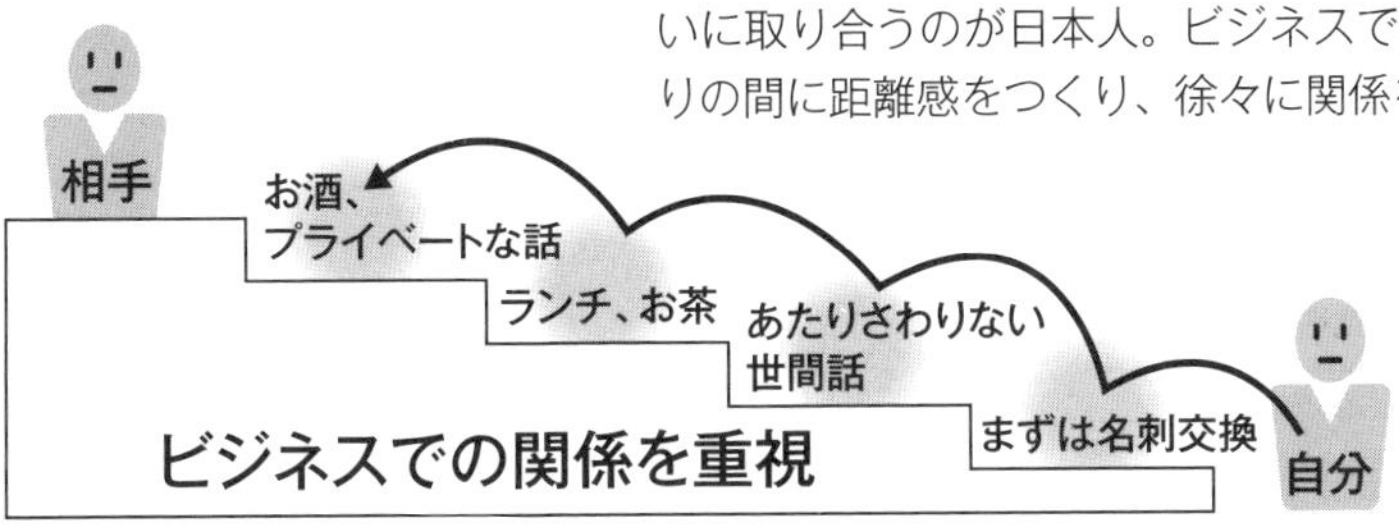
相手
お酒、
プライベートな話
ランチ、お茶
あたりさわりない
世間話
まずは名刺交換
自分
ビジネスでの関係を重視

相手に急接近。早く仲良くなりたいと考える

初対面でも、プライベートな質問をして、一気に相手の懐に入り込もうとする。デリカシーがないのではなく、早く相手を知って深いつき合いがしたいからだ。

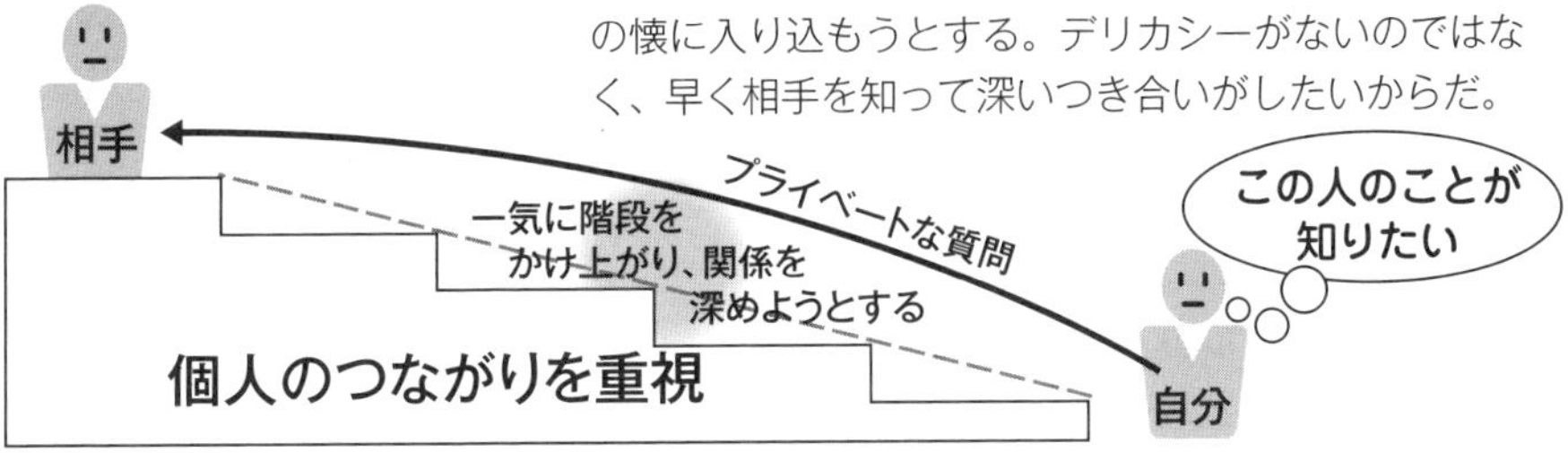
相手
プライベートな質問
一気に階段を
かけ上がり、関係を
深めようとする
この人のことが
知りたい
自分
個人のつながりを重視

ビックリせずに、チャンスととらえよう

年収は？
そうですねー、
○○○
年収は？
なれなれしいな
失礼な人だな

会話のキャッチボールができればOK

OK

無理に正直に答えなくても大丈夫。「猜《ツァイ》猜《ツァイ》看《カン》（当ててみて）」と、逆に相手にふったり、「ファミリーカー○台分かな？」などユーモアを交えて答えるのも一法。

自らシャッターを下ろせばチャンスを逃すことに

NG

個人的な質問をされても驚いたり不快に思わないほうがいい。興味を持ってくれるのは、タマゴの関係（P.20）をつくるチャンス！

「中国って家族で会社を経営している人が多いイメージがある」

「たしかに、会社の主要ポストに身内をおくケースもよくあるよ」

「日本の感覚だと、公私混同だなぁ……」

「それが中国特有のコミュニティに対する感覚なんだ。信頼できるのは家族と『自己人《ズージーレン》』の仲間なんだよ」

家族観

家族や身内を会社の主要ポストにおく

――親戚まで含めて家族を大切にする

ビジネスとプライベートを区別するのが日本人。仕事の中に家庭の事情を持ち込んだり、仕事での人間関係に家族を巻き込むことは「公私混同」として敬遠される。ところが中国では、仕事での人間関係と家族や個人的な関係が一体化していることが多い。

家族経営の企業や、役員に親族を起用するケースが多いのも、いざというとき頼れるのはタマゴ型コミュニティ（P.20）という意識が強い表れといえるだろう。仕事での関係を深めるために、そうした個人的なコミュニティにビジネスでの知り合いを招くのも中国流。家族の食事会や自宅に招かれることも珍しくない。日本人の感覚では「ビジネス相手とプライベートなつき合いまでは、ちょっと……」と、考えてしまいがちだが、中国人から見ると「せっかく関係を深めたいのに、どうして？」「日本人は冷たい」と思われてしまう。

最初は、公私の区別があいまいな中国式のビジネスに抵抗があるかもしれない。しかし、違う面から見れば、公私を超えた絆は、仕事が変わっても大切な財産となる。

複数のタマゴ型コミュニティ（P.20）を持つ

花びら状に コミュニティが広がる

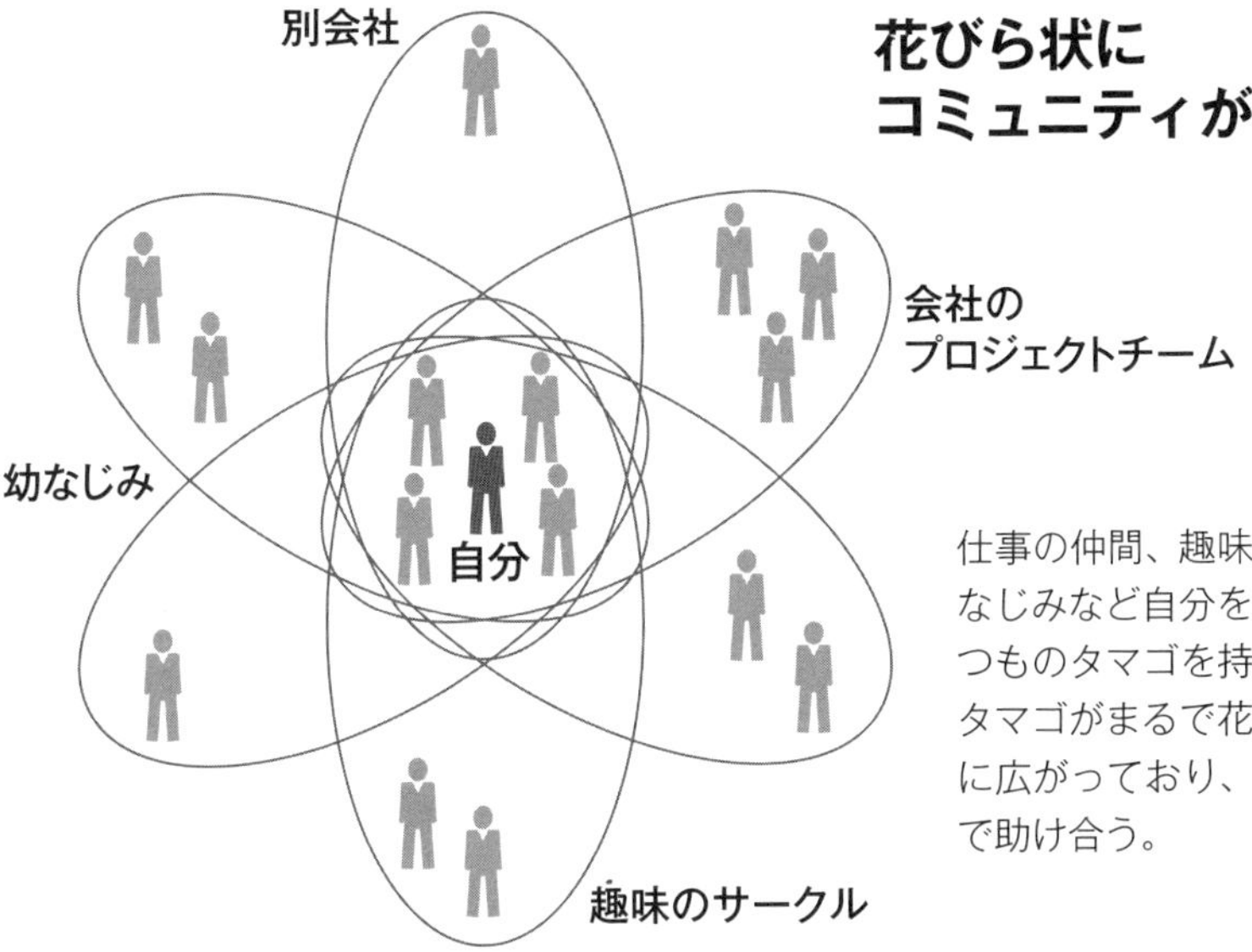
別会社
会社の
プロジェクトチーム
幼なじみ
自分
趣味のサークル

仕事の仲間、趣味の仲間、幼なじみなど自分を中心にいくつものタマゴを持つ。複数のタマゴがまるで花びらのように広がっており、仲間どうしで助け合う。

コミュニティすべてが つながっている

会社に忠誠を尽くす意識が低い中国では、自分を中心としたコミュニティを重視する。公私が一体化しており、セーフティーネットの役割を果たす。

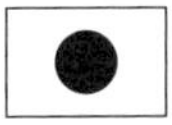

コミュニティごとに 分けて考える

会社の中、仕事上の知り合い、家族や友人。それぞれを区別して考え、互いが交じらないようにしている。会社がセーフティーネットの役割を果たす。

図解出典：『知っておくと必ずビジネスに役立つ中国人の面子』（総合法令出版）

家族（自《ズー》家《ジア》人《レン》）の絆をとても大切にする

うーん僕の場合
次に親戚が集まるのは
来年の正月か
法事くらいかなぁ……

ひんぱんに親戚を 集めて食事をする

血のつながりがある一族の記念日やお祝い事はもちろん、就職が決まった、会社を設立した、家を買った、株で儲けたなど、なにかあれば親戚が一堂に会するのが中国。その絆はとても強い。

最近親しくなった中国人の友人に……
保証人になってくれない……？
友人だし断りづらいなぁ……
仲はいいけど
っていうことがあったんだどう思う？
無理なら断って全然ＯＫ！
え、そうなの……？

仲間意識

友人に保証人になってと言われたら驚くけど……

——大切な仲間（「自《ズー》己《ジー》人《レン》」）は家族と同じレベルで助け合う

もし、「あなたには家族と同じくらい大切な友人がいますか？」と聞かれたら、即答できるだろうか。友人の大切さを「家族と同じくらい」という基準で判断しないのが日本人。しかし、中国では家族同様の絆を持つ「自《ズー》己《ジー》人《レン》」という仲間をとても大切にする。

なにかあれば自己人のために、家族同様、金銭面や人脈の紹介など、さまざまなサポートをするのだ。彼らにとっては、それは家族のために尽くすことと同様に大切で自然なこと。「自己人」どうしは遠慮なく頼り、助け合う。

タマゴの殻の中にいる人は家族同然

タマゴ型コミュニティの「自己人」

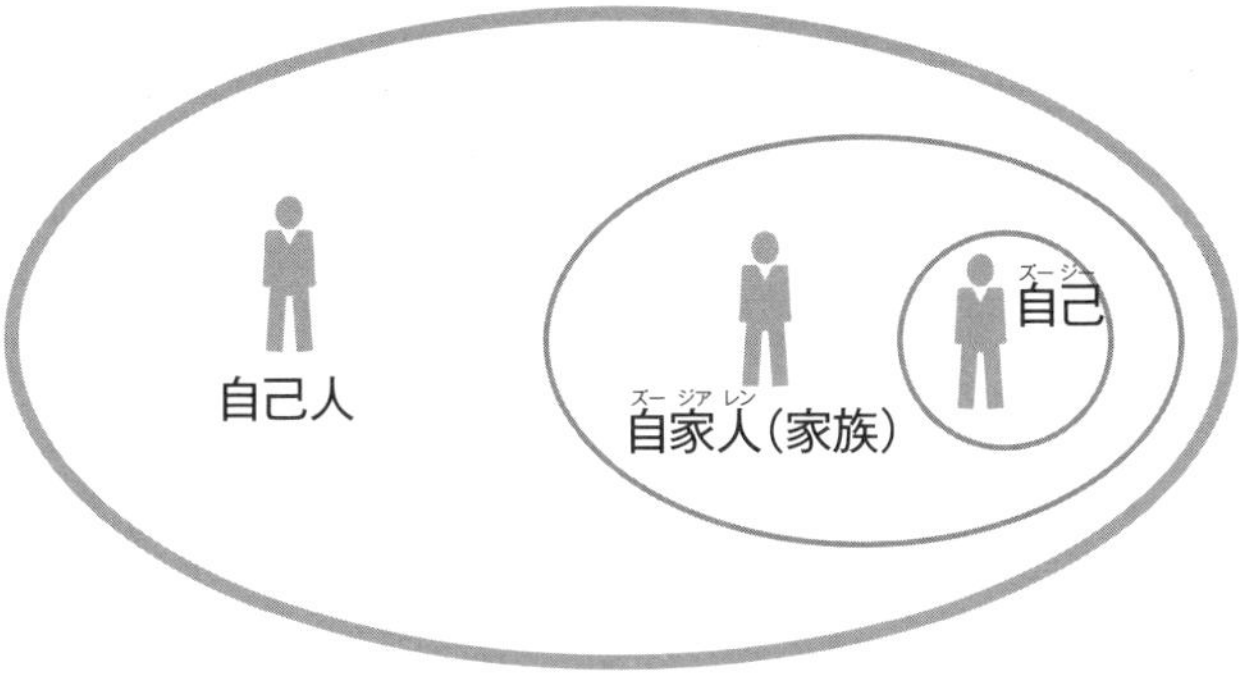

自己人
自家人《ズージアレン》（家族）
自己《ズージー》

単なる友人や親しい仲間ではなく、なにがあっても支え合う家族同様の強い絆を持っている仲間が「自己人」。いろんな貸し借りをおこなうのも当然の間柄だ。

図解出典：『知っておくと必ずビジネスに役立つ中国人の面子』（総合法令出版）

「いい友だち」だからこそ全力で助ける

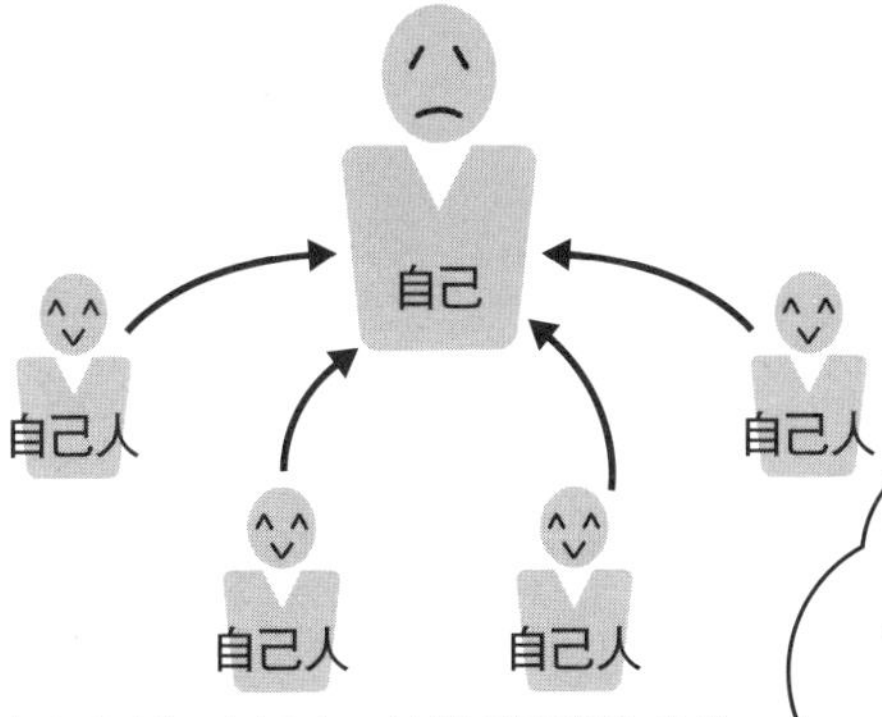

自己
自己人
自己人
自己人
自己人

たとえば、自己人の仲間が留学や起業するときは、保証人を引き受けたり、さまざまな援助を惜しまない。いい友だちだからこそ支援するのだ。

「いい友だち」だからお金は貸さない

親しい仲間ほど、お金のことで嫌な思いをして関係が壊れるのはよくないと考えるのが日本人。いい友だちだからこそ貸し借りをしないと考える。

断って関係が壊れるならそれは本当の「自己人」とはいえません

断っても問題ない。深く悩みすぎないでOK

自己人になれば、保証人も引き受けるの？　日本人は重く受け止めてしまうが、気軽に頼めるくらい親しいということ。無理なら無理でOK。できないことははっきりNOと言うべき。

仲間意識

休日に「家に遊びにおいで」と招かれたら
――「タマゴの関係」をつくる絶好のチャンス

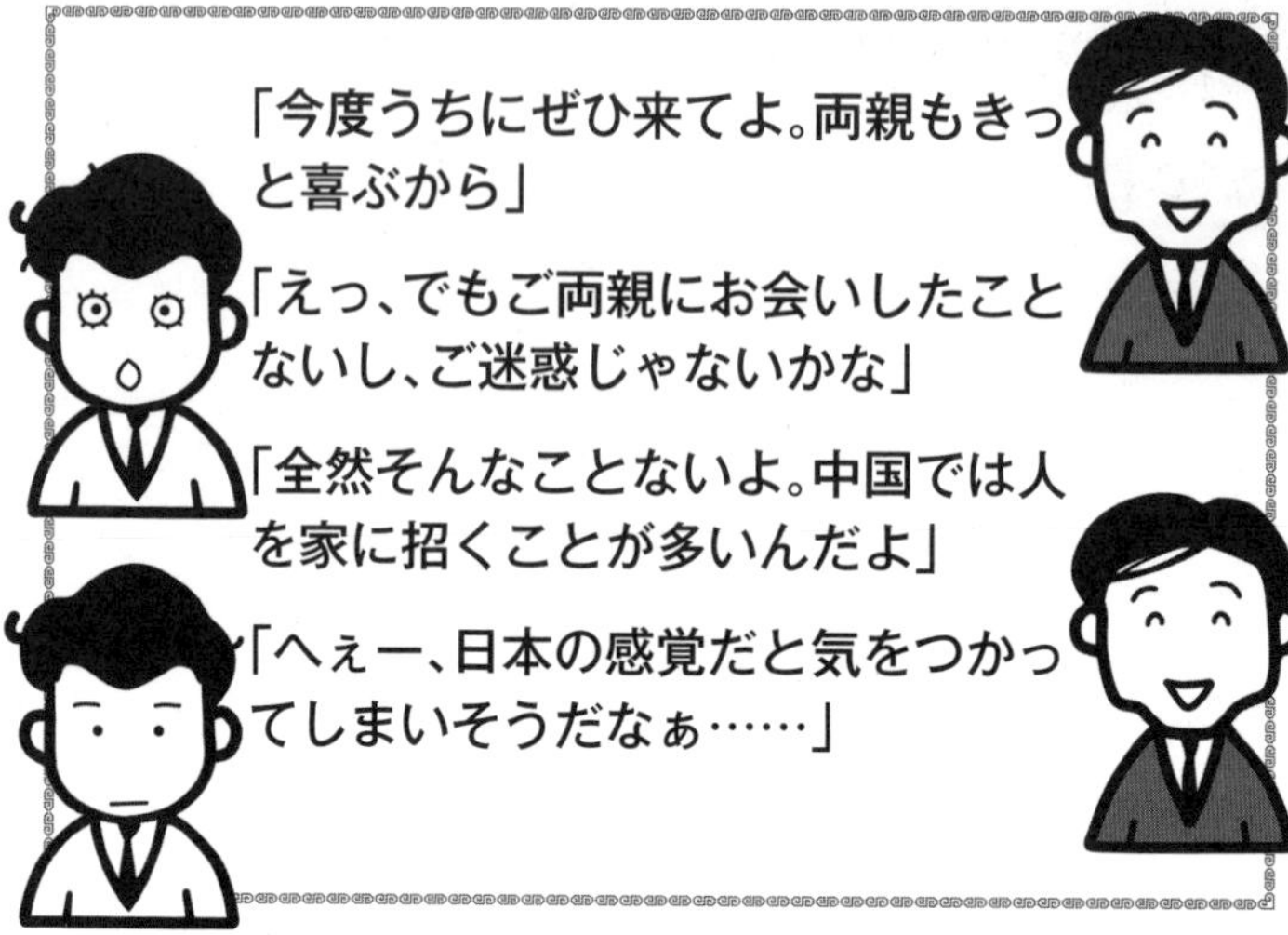
「今度うちにぜひ来てよ。両親もきっと喜ぶから」
「えっ、でもご両親にお会いしたことないし、ご迷惑じゃないかな」
「全然そんなことないよ。中国では人を家に招くことが多いんだよ」
「へぇー、日本の感覚だと気をつかってしまいそうだなぁ……」

同僚や取引先の担当者から、いきなり「今度の休日、家に遊びに来てください」と誘われたら――。日本人の感覚では、親しい友人でもないのにいきなり自宅に招かれたら、ちょっと驚いてしまう。「大変な相談を持ちかけられるのでは？」とか「社交辞令で言ってくれているだけ？」と勘ぐりたくなる。

実は、中国では自宅に友人を招くことは、最高のおもてなしであり、中国ならではのコミュニケーション。ビジネス上のつき合いを深めるためにも招かれたら遠慮せずに手土産を持って遊びに行ってみよう。

そうはいっても日本人の場合、招かれた家でもなにかと気をつかって遠慮がちになるが、それも不要。ときには、相手の両親も食事に同席したりするが、中国人は家族でもてなすことこそ最高のおもてなしだと考えている。それだけ本当に歓迎してくれているということだ。むしろ気をつかいすぎる日本人は彼らから見ると、壁をつくっているように見えるのだ。

家に招くことは最高の「おもてなし」

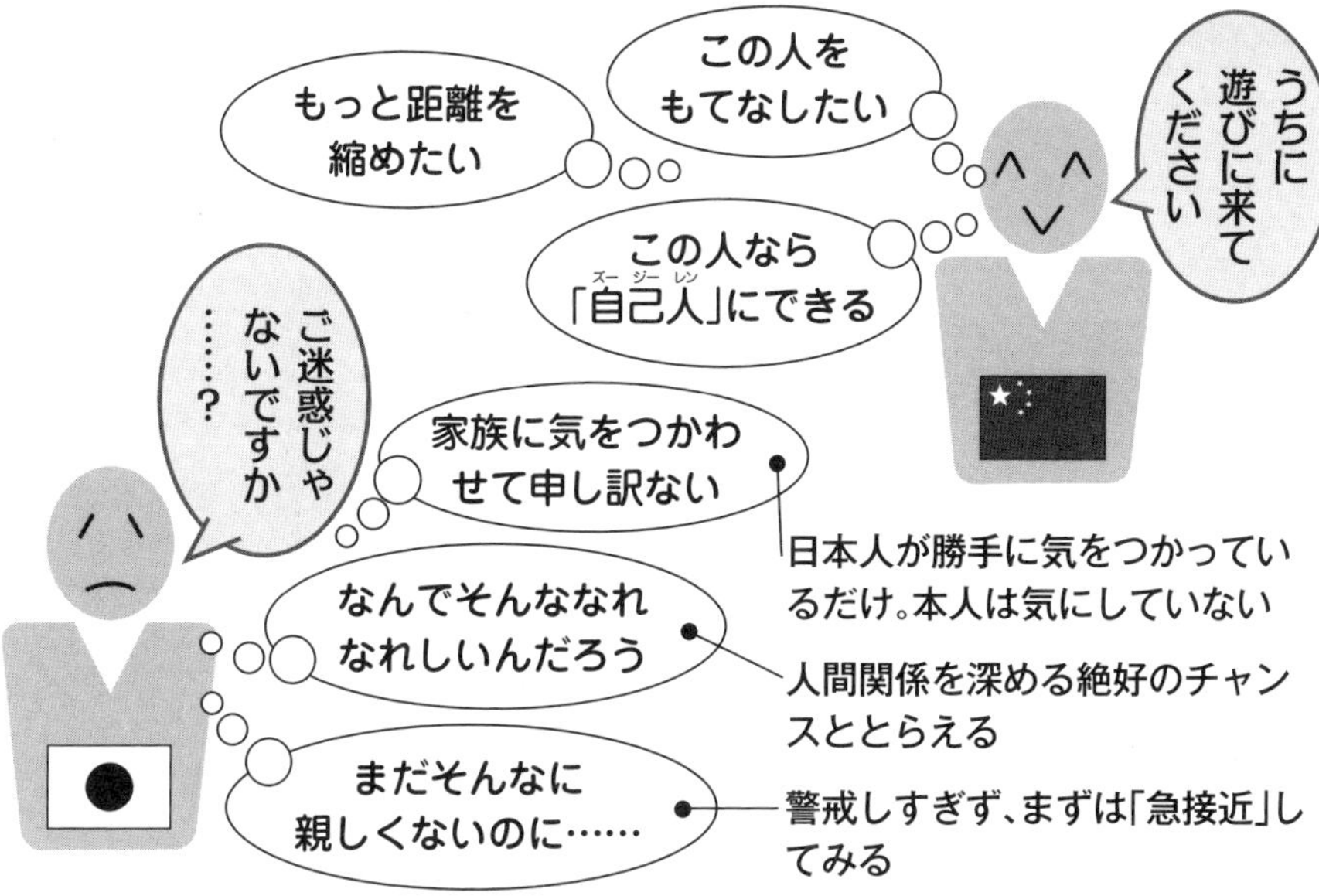

うちに遊びに来てください
この人をもてなしたい
もっと距離を縮めたい
この人なら「自己人《ズージーレン》」にできる
ご迷惑じゃないですか……?
家族に気をつかわせて申し訳ない
なんでそんななれなれしいんだろう
まだそんなに親しくないのに……
日本人が勝手に気をつかっているだけ。本人は気にしていない
人間関係を深める絶好のチャンスととらえる
警戒しすぎず、まずは「急接近」してみる

家に招かれたからなにか特別なことがあるのかと思いきやふつうにテレビを見てお菓子を食べてダラダラして過ごした

自分の家でくつろいでもらうことこそ最高のおもてなし

「自分の家だと思ってくつろいでね」という言葉を真に受けて正解。家族同様の時間を過ごしてOK。

「話を聞いていると、中国の人ってとっても優しいんだね」

「『自己人《ズージーレン》』に対してはね。でも知らない人にはけっこうそっけなかったりするよ。お店のおばさんとか」

「あ～、たしかにそういうイメージのほうが強いかもしれない」

「人間関係の線引きがはっきりしているんだよ」

仲間意識

お店の人の対応がそっけない

――知り合い（熟人《シュウレン》）か否（外人《ワイレン》）かで対応が大きく変わる

中国人は、日本人に冷たい。もし、そんなイメージを持っているとしたら、それは誤解だ。

彼らは日本人だけでなく、同じ中国人でも他の国の人でも、自分が知らない相手＝「外人《ワイレン》」にはそっけないのがふつう。その代わり、少しでも知り合いになれば、とてもフレンドリーに接してくれる。

しかも、「外人」から「熟人《シュウレン》」の関係になるのも、ほんのちょっとしたキッカケがあればＯＫ。初対面であっても一気に急接近できてしまうのが特徴だ。たとえば、もう一度来たいと思うようなおいしいお店を見つけたら、店員さんに話しかけてみる。「日本に行ったことある？」「日本の俳優で好きな人いる？」そんな話題で会話できれば、もう「熟人」。次に訪れたときに、笑顔で迎えてくれて一品おまけしてくれたり、いい席をキープしてくれることも。

こうして「知っているお店」をつくっておくと、中国ではなにかとメリットがある。中国語ができなくても、身振り手振り、筆談でも問題ないので積極的に知り合いを増やして「熟人」になろう。

ほんの少しで人間関係は大きく好転する

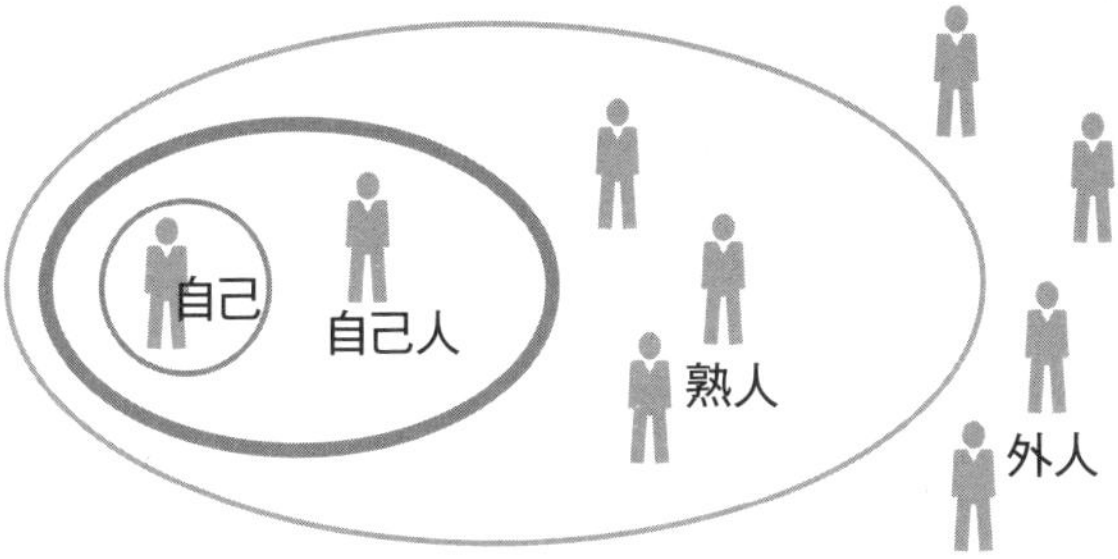

タマゴ型コミュニティの外にいる「知らない人」が「外人」。少しでも言葉を交わすだけで「熟人」に急接近できる。

勇気を持って世間話から始めよう

中国語ができなくても、相手に伝えたいという姿勢が大切。中学英語でも、カタコトの中国語でも、筆談でも、ボディランゲージでもいい。熱意は相手に伝わるはず。

Column

36時間の語学研修よりも2時間の異文化理解

中国語の勉強はもちろん重要だが、その前に、相手の文化や価値観を本やセミナーを通して理解することをおすすめする。そのほうが「中国力」は確実にアップする。まずは異文化理解に取り組む。

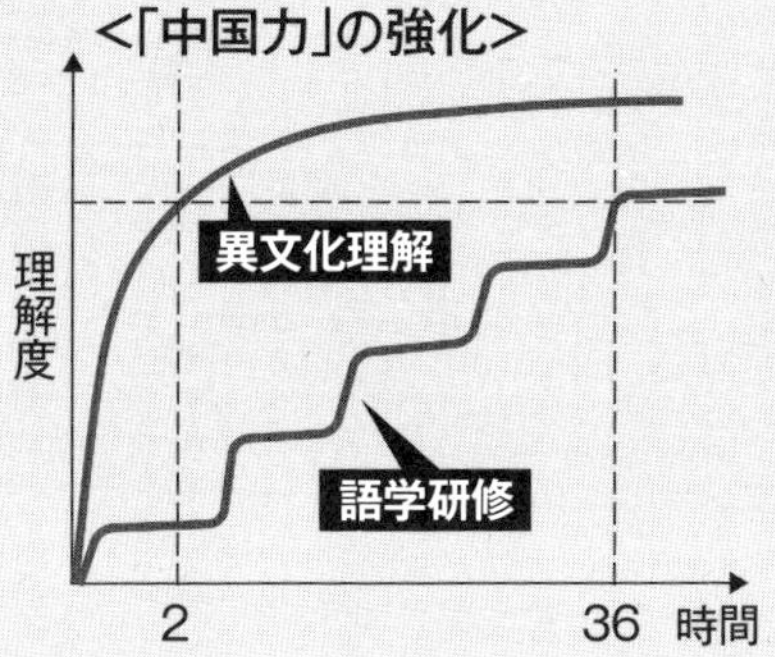

図解出典:『知っておくと必ずビジネスに役立つ中国人の面子』(総合法令出版)

えっ!?
ん？ どうした？
それ 僕の 消しゴムじゃ ないか
一言くらい 言ってよ

仲間意識

勝手に人のものを使うのはなぜ？

――誰もが自由に使える「カジ物」という感覚

たとえば、打ち合わせの席で、同僚があなたの消しゴムに手を伸ばして勝手に使ったら――。「あれ？ 自分の消しゴムと間違えてるのかな」と思うだろう。

ところが、その後も、ペンやメモ帳など、次々と……。日本人なら一言、相手に断って借りるケースだが、中国では「その場で誰も使っていないものは、自由に使っていい」のだ。

これが〝勝手に自由に〟の「カジ物《ぶつ》」という感覚。もちろん、相手が使っているときには手を伸ばさないので安心を。

今、誰も使っていないものは遠慮なく使う

カ—「勝手にどうぞ」
ジ—「自由にどうぞ」
物

自分のものと他人のものを、きちんと区別する日本人には不思議な感覚だが、その理由を理解すれば合理的だと感じられる。

相手に関係なく、勝手に使う

パターン1 仲がよいのだから、いちいち断らない

仲のよい友人の家に遊びに行っても、テレビをつけたり、トイレを使ったりするのを断らなくていい。仲がよい関係だからこそ、自由に使う。

パターン2 まったく知らない人のものも勝手に使う

知らない人のものでも、相手が使っていない間は、特に断りなく自由に使う。きちんと返しさえすればお互いに気にしない。

こちらも遠慮せずに使ってOK

どちらの行為も日本人には「失礼なこと」だが、中国では驚かなくてもよい。ムリに真似する必要もないが、中国人の価値観として知っておきたい。

日本の感覚とは大きく異なる「面子」に対する考え方

日本人は、軽い気持ちで「今回は面子を立ててあげてよ」だとか「面子をつぶされて困った」などと言うが、中国人は言わない。むしろ、彼らにとっての面子は「自分の身は自分で守る」という文化の中で、敵と味方を分けるくらいの重要な意味を持っている。中国では面子を軽く考えない、軽く扱わないことが鉄則だ。

面子理解の3ポイント

POINT1

「面子をつぶされる」ダメージは日本人の何倍も深刻

中国では一度つぶれた面子は二度と元に戻らないと考えよう。〝水に流す〟という文化がないためだ。それほど大切にお互いの面子を守って育てているのだ。

POINT2

面子を「立てる」「つぶす」etc.安易に口に出さないこと

相手の面子を立てたり、自分の面子を守ってもらったりは、中国では当たり前のこと。むしろ、口に出すほうがお互いの関係を不自然なものにしてしまう。

POINT3

ニセモノの面子にだまされないよう人間観察力を磨く

急接近しながら人間観察をしてくるのが中国人。こちらも相手が借りばかりつくって返さなかったり、見栄だけの人間かを瞬間的に見分ける力が必要。

Part2

テーブルマナー、支払い関係……知らなければ信頼関係は築けない

商習慣をおさえてビジネスでの失敗を防ぐ

東京から上海まで約3時間。
これだけ近い距離にある中国なら
ビジネスもきっと日本式が通用するはず……。
というのは大きな間違い。
従業員、取引先との人間関係をしっかりつくるために
中国式商習慣を身につけたい。

ビジネスをするうえで中国人にしてはいけないNG行為がある

たとえば？
うーん
そうだな
……
たとえば……

あいさつ

失敗！

日本でするのと同じように名刺交換をした

——形式ばった名刺交換よりも、相手の人柄を知りたい

「取引先との商談に同行して、名刺交換をしたんだけど、片手で名刺を差し出された。けっこうフランクなんだね」

「僕らからすると、日本人は形式にこだわりすぎてる感じがするよ」

「自己紹介も、まず自分の名前を言うんだね」

「そう、個人対個人を重視するんだ」

大切な取引先との名刺交換。少し緊張した面持ちで、ていねいに両手で名刺を相手に渡したのに、なんと取引先の中国人はニコニコしながら片手で名刺を渡してきた——。

中国人は名刺を渡すとき、自分の名前がどちらを向いていてもあまり気にしない。日本人のように、それほど名刺交換の形式にこだわりがないからだ。ただし、最近は中国でも日本式のマナーを心得て、ていねいな名刺交換やあいさつをする人も増えてきた。

自分の名乗り方にも違いがある。日本の場合「○○会社の××です」と、所属する組織を先に言うが、中国では自分の名前をまず名乗ることが多い。ここにも、会社対会社の関係より、個人対個人の関係を重視する中国らしさが表れている。一方、地方政府の役人（公務員）は面子（肩書きや役職）にこだわる人もいる。

どちらのケースでも「まずは食事。お酒」というのがよくあるパターン。まずは個人と個人との信頼関係づくりから入る。「友人になって一緒に仕事を考える」という気持ちが強い。

日本ほど形式にこだわらない

あいさつのしかたでも価値観の違いがわかる

「□□□□です。○○会社で△△の仕事をしています」

「自分自身」を紹介する

中国人にとって重要なのは、どこの会社に所属しているのかではなく「自分自身を売り込む」こと。会社が変わっても長くつき合っていける友人を探す。

「○○会社△△部の□□□□と申します」

「会社の中の自分」を紹介

日本ではビジネスは会社対会社のつき合い。だからこそ「どこの会社の、どの組織に所属しているか」をまず告げる。個人が持っている人脈やスキルを積極的に PR したりはしない。

個人と個人のつながりが重要視される

本日は こんな素敵な お食事会に お招き いただき ……まことに
まぁ まぁ いいから いいから
とにかく 飲もう それからだ

初対面でも、まずは食事やお酒を共にして情報収集。個人的な関係が築ける人物かどうかという基準で相手を見る。

「あいさつもフランクだったけど、服装もカジュアルな人が多かったな。僕はスーツだけど、先方はポロシャツにチノパンとか」

「そうだね。もちろん TPO にあわせるけど、日本より堅苦しくないよ」

「日本もクールビズがやっと広まりつつあるけど、やっぱり世間の目は気になるよなぁ……」

身だしなみ

失敗1

礼儀は身だしなみから。商談はスーツでのぞんだ

——意外とラフな格好のビジネスマンも多い

黒やグレー、濃紺のスーツ姿というのが、日本での定番スタイル。それに比べ、中国のビジネスファッションは、定番というものがない。ノータイのワイシャツにカジュアルなスラックスやチノパンというラフな姿で仕事をする人もいる。日本のクールビズのようだが、だからといって無理に相手にあわせる必要もない。事前に服装のルールがわかれば、それにあわせればよいが、面子を重視する中国人。最初からラフな服装は危険だ。まずは日本式の常識的な服装でのぞもう。

また、ビジネスでの基本的なスキルなどを研修で教えないことも大きな違い。会社は人を育てる場所という意識が、雇用側も働く側も希薄で、ビジネスの基礎知識は個人のスキルとして学ぶべきと考えるのが中国流。大卒の新人を一括採用し、会社の色に染めていくという日本式の人材育成は中国では通用しない。各自で自己投資をして、知識やスキルを身につける。採用される側は自分のスキルを売り込み、採用する側も即戦力を期待する。

スキルは自分で磨くという考え方が浸透している

自分のスキルは自分で身につける

日本では「まだ新人なので」という言い訳やフォローが通用するが、中国では、ビジネススキルを持つことは自己責任。「会社が人を育てる」のではなく、即戦力を求める企業が多い。

長期的な雇用を前提に人を育てる

新卒を一括採用して新人研修をおこない、社会人としての知識や姿勢、業務に必要なスキルなどを一から教える。その分、自社のカラーにあった人材を育成しやすい。

とはいえ
組織内の上下関係は
日本と同様
しっかりしているよ

優秀な人材の下に有能な部下が集まる。強いリーダーシップを発揮する人が中国では優秀なリーダーとして評価される。

Column

会社での名前の呼び方は？

基本的には姓＋役職名で呼ぶ。香港、台湾などのＩＴ企業では留学経験者が多く、英語のニックネームを持っている人もいる。その場合は敬称なしで英語名を呼び合うケースも多い。

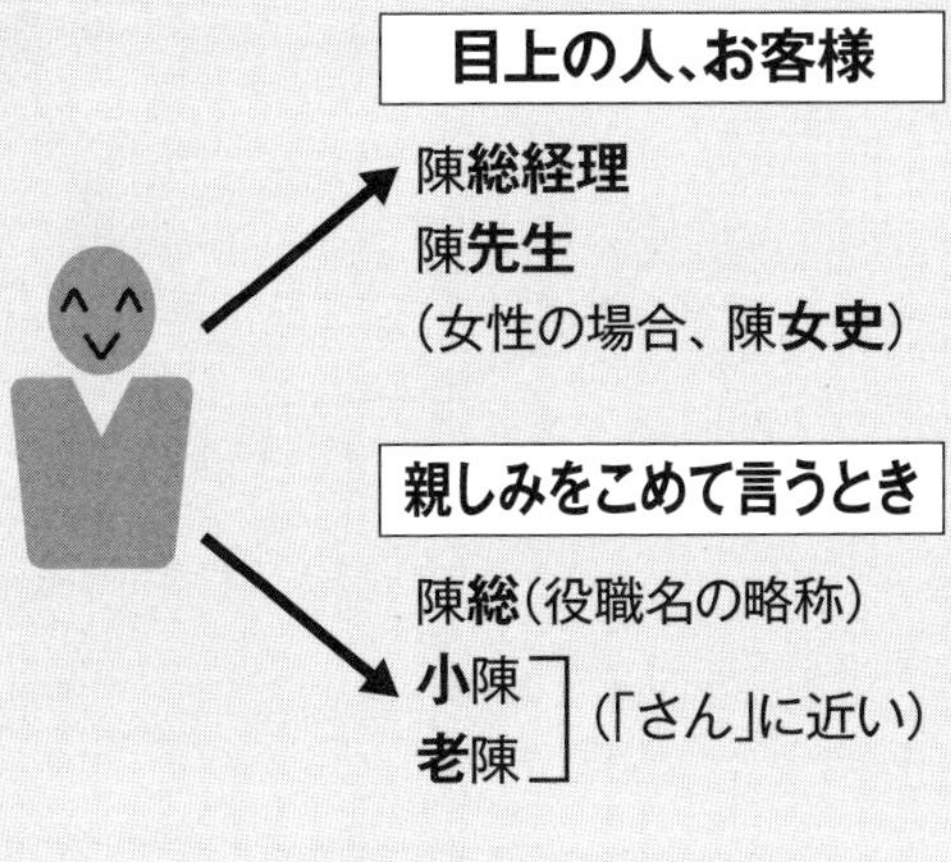
目上の人、お客様
陳**総経理**
陳**先生**
（女性の場合、陳**女史**）
親しみをこめて言うとき
陳**総**（役職名の略称）
小陳
老陳
（「さん」に近い）

贈り物

失敗！

日本のお土産に時計を買っていった

——贈り物を間違えると相手の面子をつぶすことになる

「取引先の人に、日本からお土産を持っていったんだけど、反応がイマイチだったんだよね」

「一体何を持っていったの？」

「日本製の置き時計！　メイドインジャパンだから気にいるかと……」

「それはマズいよ高橋さん……。中国では贈ってはいけないものがあるんだ」

日本では、ビジネスの相手と、個人的な贈り物のやりとりをすることは少ないが、中国で「贈り物」は個人と個人の関係を深めるために用いられる。中国独特の贈り物ルールを知らないと、うっかり人間関係を壊してしまいかねない。

まず、中国で絶対に贈ってはいけないのが「置き時計」。日本では、設立何十周年記念などの刻印入りで贈ることもあるが、時計の中国語での発音「鐘（ジョン）」が「終（ジョン）」を連想させることから、中国ではふたりの関係終了を意味することになる。他にも左ページのように、音の響きで縁起の悪いものは避けるべき。

逆に、相手の面子を満足させるブランド品や高級品を贈ると、とても喜ばれる。それは単に高価だからということではなく「ふたりの関係の貴重さ」を表すことになるからだ。贈り物の「気持ちだけいただく」という日本と違って、実際の人間関係を測るバロメーターの役割があるのが中国での贈り物。大切な人には地位やふたりの関係に見合った贈り物をすべきだ。

贈り物のタブーに要注意

Check! 渡し方

NG①
「つまらないものですが……」
日本人は、つい謙遜して言いがちだが、相手の地位やふたりの関係に相応しい品物を贈るべき。「最高の物を選びました」と言うほうがよい。

NG②
「皆さんで召し上がってください」
贈り物は「個人」対「個人」の関係を築くためのもの。お菓子を皆さんで分けて、というのは相手の面子を考えない失礼な贈り物ともいえる。

More better

大切な人にはひとり1個
大切な相手には、ひとり1個ずつ買っていくのがおすすめ。小さいものよりも大きいもの、安いものより高価なブランド物。きれいな包装も好まれる。

Check! 渡すもの

NG①　時計(置き時計)
時計 ＝ 鐘《ジョン》 ＝ 終《ジョン》
(zhong)

中国語の発音で「終（ジョン）」を連想させる。中国語で「送鐘（送終）」というのは「死者を弔う」という意味になる。

NG②　傘
NG③　扇子

雨傘《ユイ サン》 (yu san) ≒ 解散《ジェ サン》 (jie san)
扇子《シャン ズ》 (shan zi) ≒ 離散《リー サン》 (li san)

中国語の発音で「散（サン）（＝ばらばらになる）」を連想させる「傘（サン）」＝傘や扇子は、互いの関係を離れさせることになる。

「取引先の人と食事会はあった？」
「うん、あったよー。本場の中華料理はおいしかった」
「ビジネスの話も進んだ？」
「いやいや陳さん。食事の席に仕事の話を持ち込んじゃだめでしょ。オンオフの切り替えしないと」
「高橋さん、中国ではちょっと違うんだよ～」

食事・宴席

失敗1！

食事の席に仕事の話は持ち込まないようにした

――中国人は食事の席も大切な商談の場ととらえている

重要な打ち合わせが終わって、解放感を感じながら取引先との食事会へ。すっかりリラックスしていたら、次々と大事な仕事の話題を振られてビックリ！

ということが、よくあるのが中国での食事の席。「仕事の話など堅い話は抜きで」と考えがちな日本とは違い、中国ではビジネスの最前線と思ったほうがいい。むしろ、公式な会議の場よりも、非公式な食事の場に調整案や妥協案が出てくることもある。

会議室では言えなかったことが、食事の席で非公式見解としてポロっと出てくることもある。彼らは食事の場だから、大切な話はしないほうがいいとは考えない。それなのに、日本人が遠慮してしまっていたら、逆にビジネスチャンスを逃すことになってしまう。気をつけよう。

こうした中国人のオンとオフを分けない姿勢は、一見「自分勝手」にも思えるが、そうではなく「あるがまま」の自然体なのが彼らの基本。少しは見習ってみてもいい部分かもしれない。

中国での食事の席は「ひと休みの場」ではない

非公式折衝

公式折衝

食事の席でも商談や
ビジネスの話をどんどんする

会社という場にこだわらず、個人と個人が向き合える場であればビジネスは進められると考える。大切な関係であるほど、食事を共にして商談を進める。

仕事は仕事、食事は食事。
けじめをつけたい日本人

日本人の意識では、重要な決定は会社の会議室などの公式の場でおこなう。中国では、折衝の公式・非公式の区別をあまりしない。

食事の席以外にも
移動中の車内やホテルの
ロビー、エレベーターの中も
非公式折衝の場になります

非公式折衝は
貴重な情報収集の場

食事の席のほうが、相手の本当の実力がわかるというのが中国式の考え。席次やお酒をつぐ順番などもチェックしてみよう。詳しくはP.51を参照。

食事・宴席

失敗！

宴席でゲストを上座に座らせたつもりが……

——食事は信頼関係をつくる場。中国流をマスターする

そういえば中国のレストランでひとつだけナフキンがグラスに挿してある席があった
あれって上座ってことだよね？
あぁ……やってしまったんだね……
そこは幹事役の席……

中華料理の席で一番のマナーは、楽しくおしゃべりをしながらみんなでワイワイ食べること。あまり細かいマナーはない。

気をつけたいのは、中国では食事を主催したホスト1位の人間が上座に座ってゲストをもてなすこと。ホスト1位の右隣がゲスト1位の席になる。

上座には目印の「布ナフキン」がグラスに挿してある。この席の人間が支払いを持つという意味。お客様をもてなすときには間違ってゲスト1位を座らせないよう要注意。

これで失敗は防げる！　食事のポイント

中国でのテーブルマナーで気をつけたいポイントを紹介。

Point1

ナフキンがグラスに挿してある席は、ホスト１位の席

日本では「上座＝ゲスト１位の席」というのが常識だが、中国ではホスト１位が上座に座り、お客様全員をもてなす。

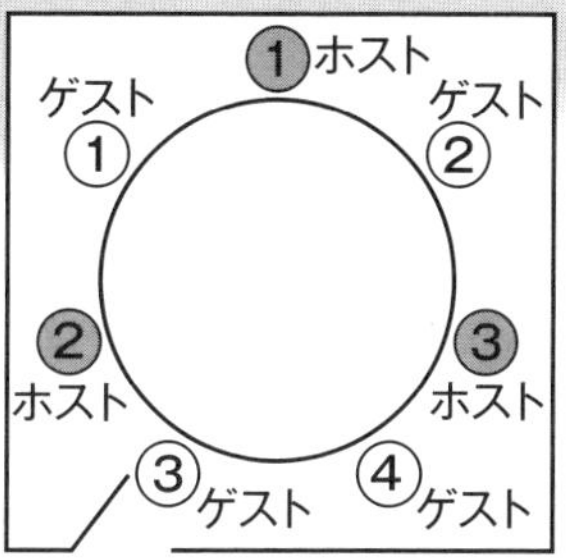

Point2

冷えた料理は絶対出してはいけない

中国では冷めた料理をゲストに出すのはNG！　昼休みに会議室で出すお弁当が、高級料亭の仕出し弁当でも、彼らの感覚では「冷めた料理＝残り物＝残飯」になる。

Point4

招かれた場合、最後に料理を少し残す

出された料理がおいしくても、最後まで食べきらないこと。「ゲストに食べきれないほど料理を振舞った」ことで、ホスト役は面子を保つ。

Point3

お酒、料理は「偉い人」から

正式な食事会では、料理に箸をつけるのは、ゲストの上位の人からというのが鉄則。各自が勝手に食べ始めるというのはマナー違反。

Column

会議ではわからない本当の序列がわかる

前述したように、食事の席で個人的な会話をしながら相手の真の実力を測るのが中国流。会議室での交渉では〝主役〟だった人が、実は食事の席次やお酒をつぐ順番では下位の人だったということも。

食事の場こそ、真のキーパーソンがわかるのが中国の面白さだ。

食事・宴席

失敗！ 取引先との宴会で泥酔してしまった

――お酒を飲んでも酔いつぶれてはいけない

「僕、ひとつだけ大失敗しちゃったことがある……」

「すでにだいぶ失敗しているけど……どんなこと？」

「宴会で飲みすぎて、ひとりで帰れなくなっちゃったんだ」

「それは大変。お酒の席では泥酔も含めて絶対にやってはいけない行為があるんだよ」

初めての中国での食事会。うわさに聞いていた「乾杯攻撃」につき合って酔っ払い、気がついたらテーブルに撃沈して寝てしまった……。日本では、慣れない酒の席のことだから、と大目に見てもらえるかもしれないが、日本式の「無礼講」は中国では絶対に許されない。どんなにお酒を飲んでも、泥酔して意識をなくしたり、羽目を外すのは厳禁だ。宴席が終わるまでは気を張って振舞おう。

お酒の失敗を未然に防ぐために、覚えておきたい中国の乾杯事情をいくつか紹介しよう。まず、中国では必ずお酒を誘い合って飲む。ひとりでチビチビと飲んではいけないのだ。

また、中国で「乾杯」といったら杯を完全に飲み乾すこと。飲み残すのは相手に大変失礼となる。度の強いお酒の乾杯攻撃を避けるために役立つのが、自分の飲む量を相手に宣言すること。「半杯《ハンベイ》」で、グラスに半分だけ、「随意《ズイイー》」で、自分の好きな量だけという意味になる。ただし、この方法は相手も「半杯」や「随意」に同意して復唱してくれた場合のみ有効だ。

郵便はがき

お手数ですが、
50円切手を
おはりください。

151-0051

東京都渋谷区千駄ヶ谷4-9-7

(株) 幻冬舎

「知識ゼロからの
中国ビジネス入門」係行

ご住所 〒□□□-□□□□

Tel.(- -)
Fax.(- -)

お名前	ご職業	男
	生年月日　年　月　日	女

eメールアドレス：

購読している新聞	購読している雑誌	お好きな作家

◎本書をお買い上げいただき、誠にありがとうございました。
質問にお答えいただけたら幸いです。

◆「知識ゼロからの中国ビジネス入門」をお求めになった動機は？
① 書店で見て ② 新聞で見て ③ 雑誌で見て
④ 案内書を見て ⑤ 知人にすすめられて
⑥ プレゼントされて ⑦ その他（ ）

◆本書のご感想をお書きください。

今後、弊社のご案内をお送りしてもよろしいですか。

（ はい・いいえ ）

ご記入いただきました個人情報については、許可なく他の目的で使用することはありません。

ご協力ありがとうございました。

お酒の席での注意ポイント5

Point1

ひとりで飲まず、誘い合って飲む

目上の人から順に誘って、誰かと乾杯しながら飲むのがルール。ひとりでチビチビ飲むのは食事会のホストに対してとても失礼な行為。

Point2

量を確認しながら飲む

相手と誘い合って同じ量を飲むのが中国の飲み方。全部飲み乾す「乾杯」だけでなく「半杯」「随意」など、飲む量を宣言して同意を得て飲むのが基本。

Point3

「乾杯」したら飲み乾す

中国式の乾杯は、単にグラスを交わすことではなく、お互いに「杯を飲み乾す」こと。乾杯した酒を飲み残すことは、相手の面子をつぶすことになる。

Point4

節度を持って。無礼講はNG！

中国では、お酒の席での振舞いに厳しい。日本のように「酒の席のことだから」と許す文化はない。羽目を外したり、下ネタは厳禁。

Point5

帰るまでは気を抜かない

お酒の飲み方でも、相手の度量を測っているのが中国。泥酔して醜態をさらすのは恥ずべき行為。「酔った勢いでつい……」では済まされないのだ。

これはOK

飲めないときには最初から飲まない

体調が悪いとき、仕事が残っているときなどは、最初から飲まない宣言を。最初の１杯だけというのは「飲めるのに飲まない」という印象を与えて逆効果になる。

One Point

社員管理のドーナッツ

中国人社員とうまくつき合うコツ

会社に対する考え方

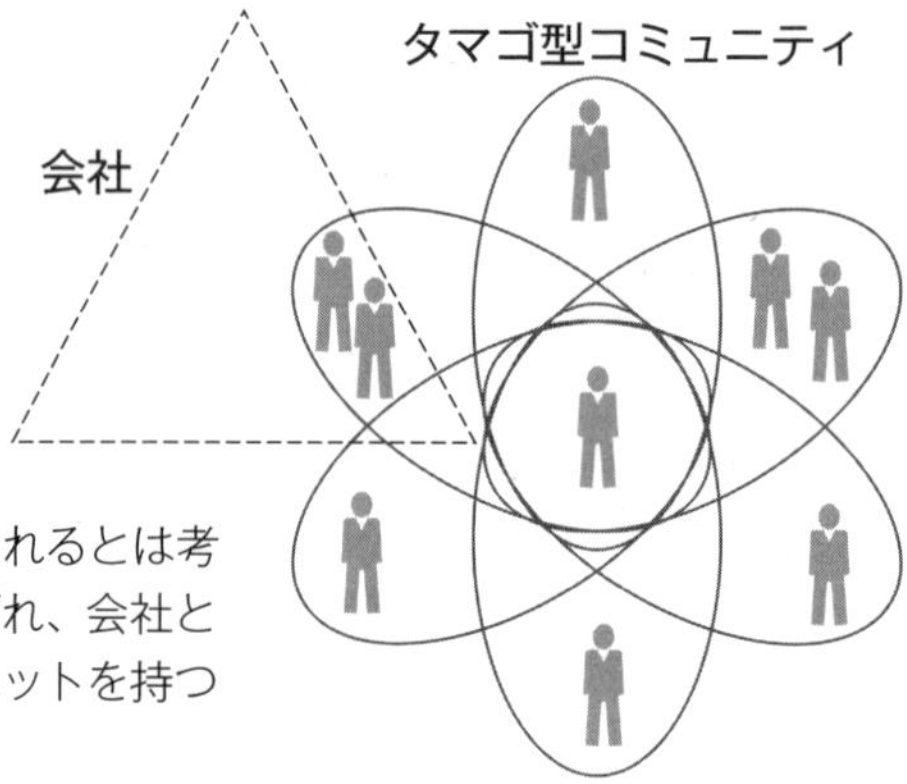
タマゴ型コミュニティ
会社

会社が
すべてではない

会社が自分を守ってくれるとは考えない。各自がそれぞれ、会社とは別のセーフティーネットを持つ(P.29)。

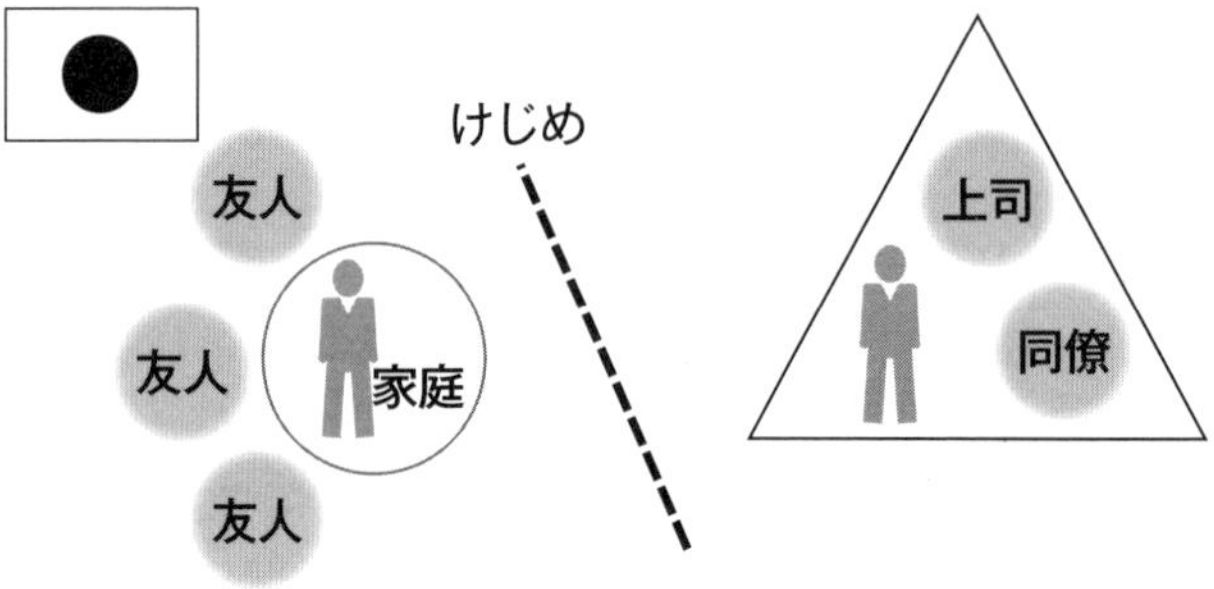
けじめ
友人
友人
友人
家庭
上司
同僚

家庭と仕事を「けじめ」で線引き

「けじめ」という線を引き、仕事とプライベートを区別する。「会社は会社、家庭は家庭」と考えている。

中国では「会社のために忠誠を尽くす」という感覚が希薄。中国人社員は「会社、組織のために頑張る」のではなく、いかに個人の能力を発揮できるかを考えている。協力しあって頑張るという日本式の管理方法はなかなか受け入れられない。

そこで重要になるのが、「社員管理のドーナッツ」だ。中国人は、仕事をするうえで自分の権限と責任がどれだけあるかということを大事にする。そして、明確な目標があり、公平な基準で正しく評価されることを望む。目標が達

社員管理のドーナッツ

成果に対する正当な報酬は、中国では当然のこととされる。金銭ではないインセンティブの形を工夫することが最大のポイントといえる。⑦

⑥目標を達成し成果を出したことに対して、昇進、昇給といった目に見える報酬が約束されていることが中国人社員をヤル気にさせる。

⑤中国人は周囲から自分が優れていることを認められたいという欲求が強い。誰が見ても納得できる評価基準を示すことが求められる。

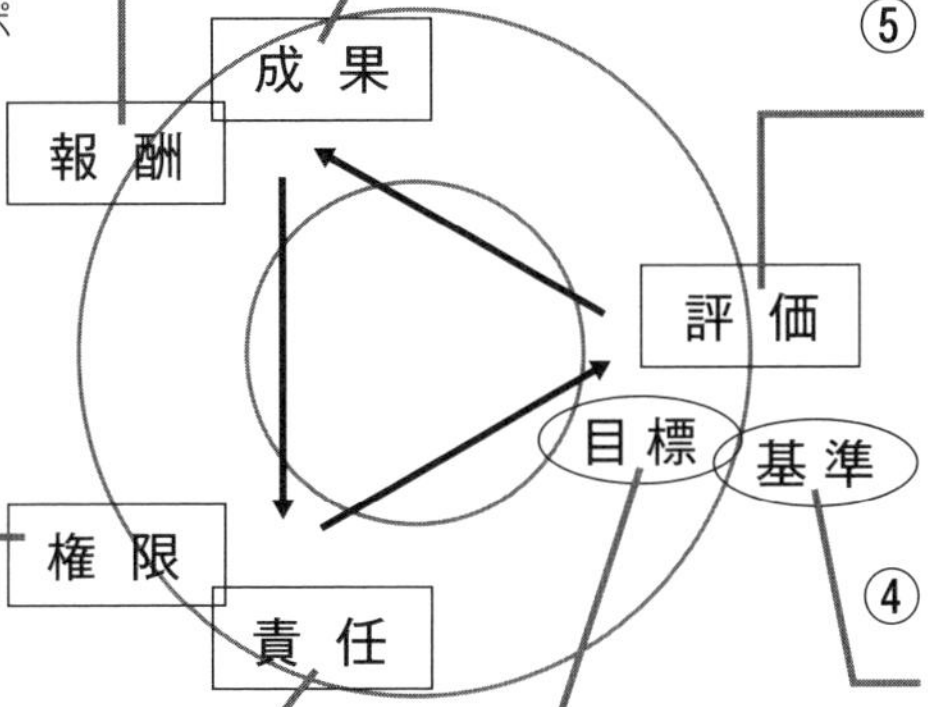

どんな立場のどんな仕事でも、①自分でなにかを決められる「権限」や、任せられている役割があることを望む。

④協調性、将来性、忠誠心といった抽象的な基準は敬遠されがち。見る人によって結果が違ってしまうような基準で評価されるのを嫌う。

②権限に見合った個人の責任を明確にする。みんなの責任、というあいまいな責任のとらせ方は、社員の反感を買う。

③営業なら訪問数、生産ラインなら不良率など、それぞれの仕事の現場で数値化し、みんなに目に見える形で個人の目標を掲示する。

社員管理のドーナッツのポイント

- **小さなことでも、権限と責任を与える**
- **個人レベルの目標を設定し、達成したらきちんとほめる**
- **金銭ではないインセンティブの形を工夫する**

成されたら具体的にどんな成果と報酬が得られるのかまで見通せられればモチベーションが上がり、能力を発揮するのだ。

逆に、このドーナッツの要素が欠けたり、バランスが悪ければ、簡単に転職してしまう。

図解出典：『知っておくと必ずビジネスに役立つ中国人の面子』（総合法令出版）

明日
取引先の人たちと
数社回りたいので
アレンジ
お願いします
当日
えっ
車
手配して
ないの？
あっ
今から
手配します
昨日連絡して
おいた
はずなのに……
車必要なの
わかるだろう……
目的地
では……
この会議室
せますぎるよ！
この人数
入らない
じゃないか！

チームワーク

なぜ？

指示したはずなのに動いてくれない

——明確な説明をしなければ中国人には伝わらない

「これ、うまく処理しておいて」——。相手の気持ちをくむことに慣れた日本人なら伝わる指示も、中国人には伝わらない。その代わり、やってほしいことを明確に指示すれば、期待通りやってくれるのが中国人だ。

　さらに「いい仕事」をした人は積極的にほめるとよい。成功体験を重ねさせることがポイントだ。成果を出すためには、ときに「面子」をかけて仕事をするのが中国人。ただし、基本的にはやってほしいことをひとつひとつ細かく指示すること。

中国人は「空気」を読めない？

急いでるんだけど、時間があったらやってくれない？

中国の解釈

すでにある自分の仕事が優先

仕事の締め切りがあいまいな場合など、自分に与えられたドーナッツ（P.55）を基準に解釈するので、自分の仕事のほうを優先する。

日本の解釈

空気を読んで優先順位を考える

自分のことよりも、上司やチームに迷惑をかけないことが優先。気を利かせ、先回りして頼まれごとを処理しようとする。

基準の感覚差がある

「なるべく早く」という基準に、日本人は相手の状況を察するが、中国人は自分の状況の中で考える。受け取り方にズレが生じる。

こう言うのが正解

16時までに議事録を提出してください。サイズはA4で、日付、会議の出席者、会議の内容と結論をまとめてください

ひとつひとつ細かく指示をすれば言っただけのことはしっかりやってくれるよ

中国では日本のように「以心伝心」「一を聞いて十を知る」は通用しない。主張する文化の中国人には、やってほしいこと、期待していることはすべて明確に伝えたほうがいい。

チームワーク

なぜ？ 自分は忙しく働いているのに、同僚はすぐ帰ってしまう

——与えられた責任を果たすことが会社への貢献と考える

うわー
頼まれた
企画書
全然
終わらない
同じチームの
崔さんは
ヒマそうだな
……
…3
2…
1
我先走《ウォシェンソウ》
（先に帰ります）
手伝って
くれても
いいのに……

明日は大事なプレゼン。残業して提案書づくりに追われていると、同じプロジェクトの同僚がさっさと帰ってしまった！　日本人の感覚だと「同じ仲間なのに、なんてヤツだ」と思うが、中国人は、自分の責任を果たせば定時に帰宅するのは当然と考える。

みんなで仕事と責任を分担する日本と違い、中国では個人の仕事と責任が明確。同僚であっても、他人に自分の仕事の一部を手伝ってもらうことは「仕事と権限、その先にある成果と報酬を横取りされる」感覚になるのだ。

メンバー間の「横のつながり」は重要視されない

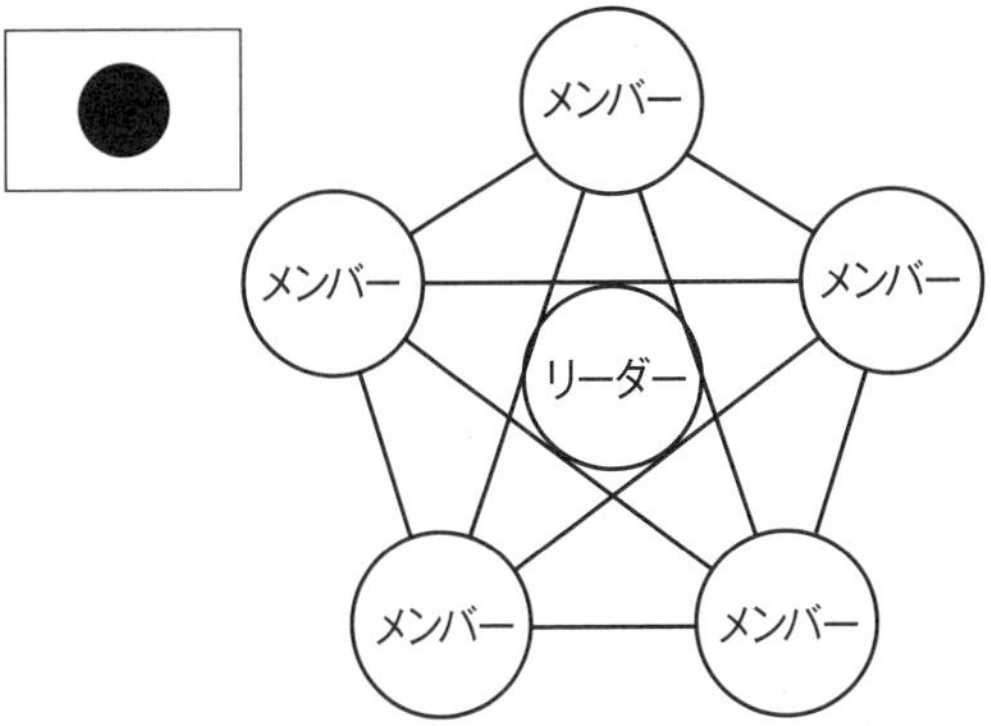
メンバー
メンバー
メンバー
リーダー
メンバー
メンバー

「報・連・相」を重視
全員で協力しあう

全員でひとつの目標や目的に向かって、メンバーどうしが助け合うのが日本のチームワーク。リーダーは全体の状況を見て、チームの力を最大限に引き出す調整役となる。

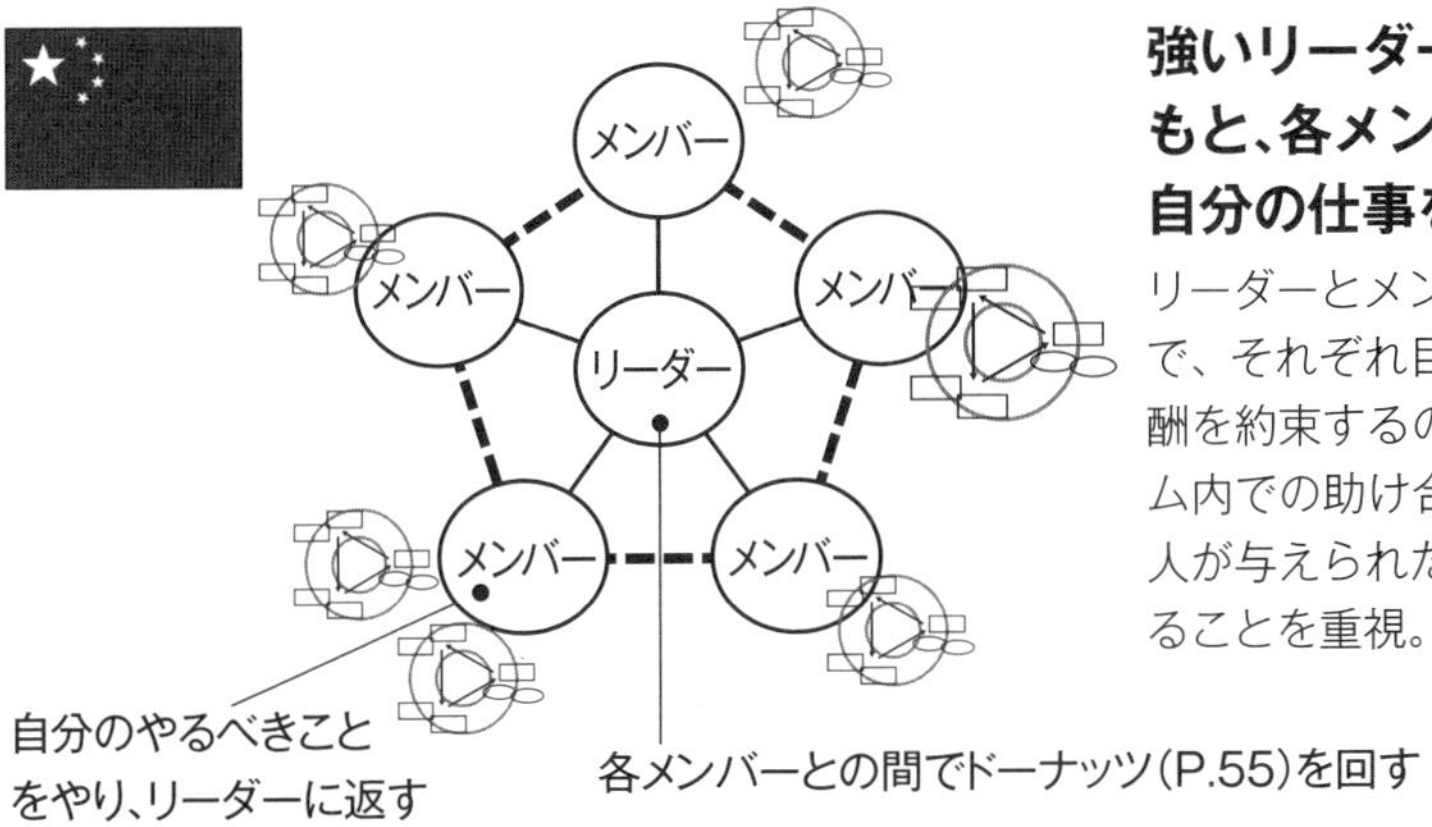
メンバー
メンバー
メンバー
リーダー
メンバー
メンバー
自分のやるべきことをやり、リーダーに返す
各メンバーとの間でドーナッツ（P.55）を回す

強いリーダーシップのもと、各メンバーが自分の仕事をする

リーダーとメンバー個人の間で、それぞれ目標や成果、報酬を約束するのが中国。チーム内での助け合いよりも、個人が与えられた仕事を完遂することを重視。

頼まれないのに手伝うのは、中国人からすれば善意ではない。

崔さん今日の仕事終わったから手伝うよ？
え……大丈夫
ありがとう
でも僕の仕事奪わないで

図解出典:『知っておくと必ずビジネスに役立つ中国人の面子』（総合法令出版）

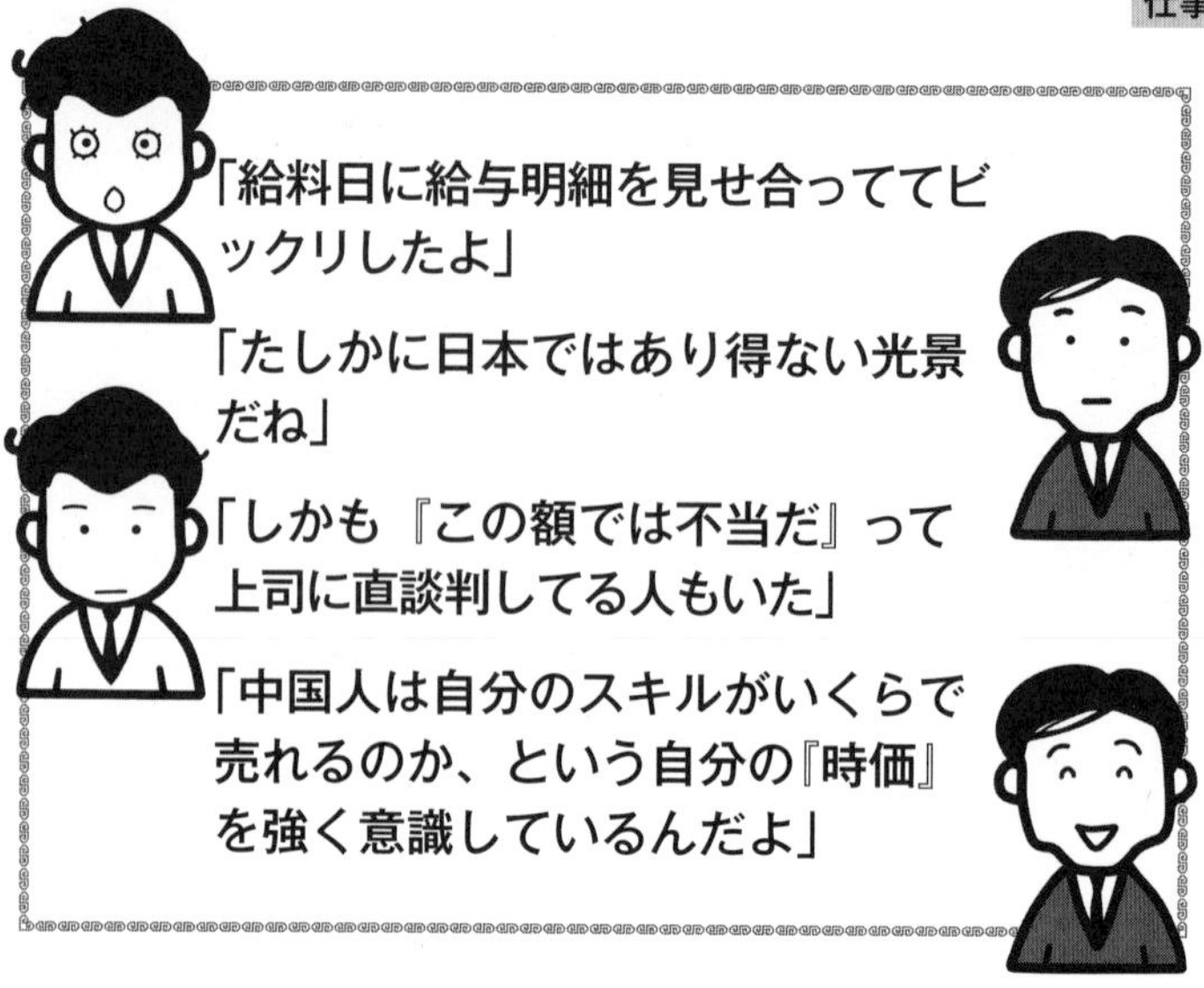
「給料日に給与明細を見せ合っててビックリしたよ」
「たしかに日本ではあり得ない光景だね」
「しかも『この額では不当だ』って上司に直談判してる人もいた」
「中国人は自分のスキルがいくらで売れるのか、という自分の『時価』を強く意識しているんだよ」

チームワーク

なぜ？

給与明細を見せ合っている

——個人の成果を重視する

会社員として仕事をしている人なら、給料日はやはり嬉しいもの。その気持ちは中国人も同じ。と同時に彼らにとっては日本人以上に重要な意義を持つ日でもある。給料日に給与明細を同僚と見せ合う社員もいる。

日本企業では、ちょっと考えられない光景だが、これは、権限と責任に則って、目標を達成し、成果を出したことに対し自分が正しい評価を受けていることを確認し、さらにそれを周囲にも知らせたいという顕示欲求からきている。

彼らは給与明細を見せ合うことで、自分に対する会社からの「正当な評価」を確認しあっているのだ。

採用する側も働く側も、即戦力であることを重視する中国では「自分の時価」というものに敏感。自分の価値に見合った対価を得ることは当然と考える。彼らは決して単なる「拝金主義」というわけではなく、刻々と変わる経済情勢の中で自分のスキルを磨き、貪欲なまでにキャリアアップを目指しているのだ。

自分の努力に見合った報酬を求める

社員管理のドーナッツ(P.55)

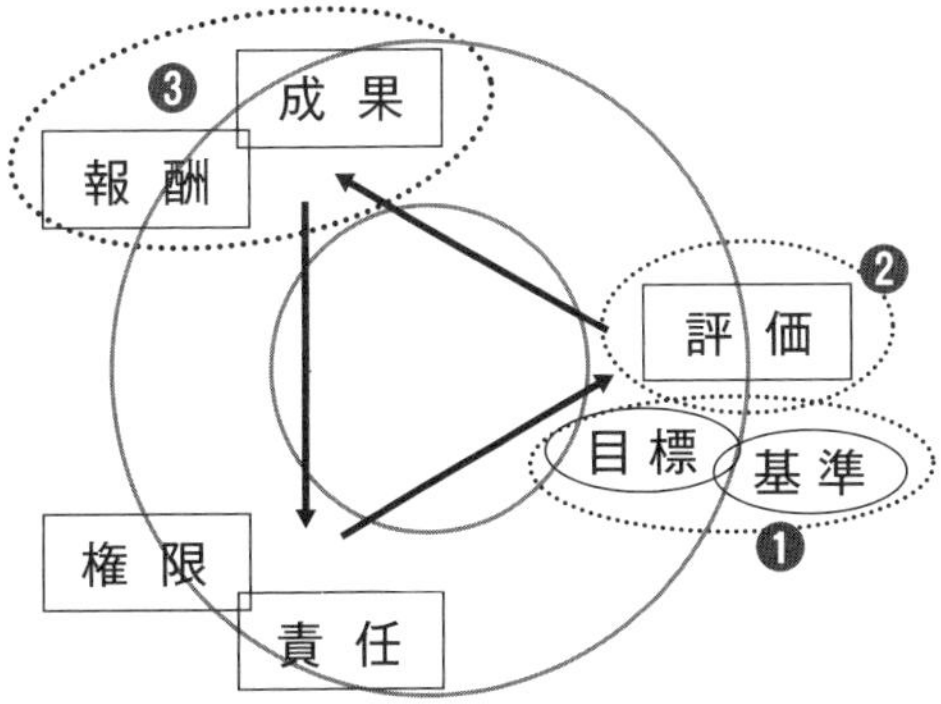

❸
成 果
報 酬
❷
評 価
目 標
基 準
❶
権 限
責 任

❶ 目標と基準は数値化できるものを望む

社員個々が自分の正当な評価を周囲にも知ってほしいと考えるため、高い評価を得るための目標や基準は、誰もが納得できるよう数値化・見える化することが望ましい。

❷ 評価は具体的なものがいい

チームの和のために頑張った、というような抽象的な評価の基準は敬遠される。報酬もボーナスなど金銭だけではなく、さまざまなインセンティブの形を工夫したい。

❸ 自分があげた成果と報酬は見合っているか

個人の権限と責任に基づいて仕事をする中国では、利益を共同分配したり、失敗の連帯責任を負うことはない。自分の成果に見合った報酬が得られているかどうかが社員満足につながる。

中国人は「拝金主義」と言われるけどそうとも限らないんだなぁ
そうです 給与明細を見せ合うのは自分の「正しい評価」を顕示したいからです

図解出典:『知っておくと必ずビジネスに役立つ中国人の面子』(総合法令出版)

会社への忠誠心

なぜ？

優秀な人材が会社を辞めてしまう

——自分のスキルを高く買ってくれる会社に行きたい

「同じプロジェクトにいた人が辞表を出して、突然会社を辞めちゃったんだ！　彼はとっても仕事ができる社員だったのに……」

「中国は転職する人が多い。自分の能力を高く買ってくれる会社を常に探しているんだ」

「忠誠心みたいなものは、あんまりないのかなぁ……」

同僚からも「仕事ができる」と評価され、プロジェクトの中心メンバーでもある人材が、ある日突然、ライバル会社に転職してしまう——。日本の会社では、ちょっとした〝事件〟になるところだが、中国では特に珍しいことではない。よく「中国人は会社に対する忠誠心が低い」「すぐに会社を辞めてしまう」と言われるが、中国人の仕事観は、日本人とは根本的に異なる。

会社は、自分のスキルを高く買ってもらい、より多くの権限と責任を手にして、さらにスキルをアップするための場、というのが彼らの考え。もし、仕事ができる優秀な中国人社員が、転職してしまうとすれば、それは会社に対する忠誠心が足りないのではなく「社員管理のドーナッツ」（P.55）が回っていないということだ。

ポイントは、中国人が重視する個人対個人の関係。会社という組織への忠誠心は持てなくても、まずは個人対個人で強い信頼関係を築くことで会社に対する忠誠心が育つ。「この人に恥をかかせないために頑張ろう」と思わせる関係をつくることが人材定着の近道だ。

人材流出はドーナッツがうまく回っていないから

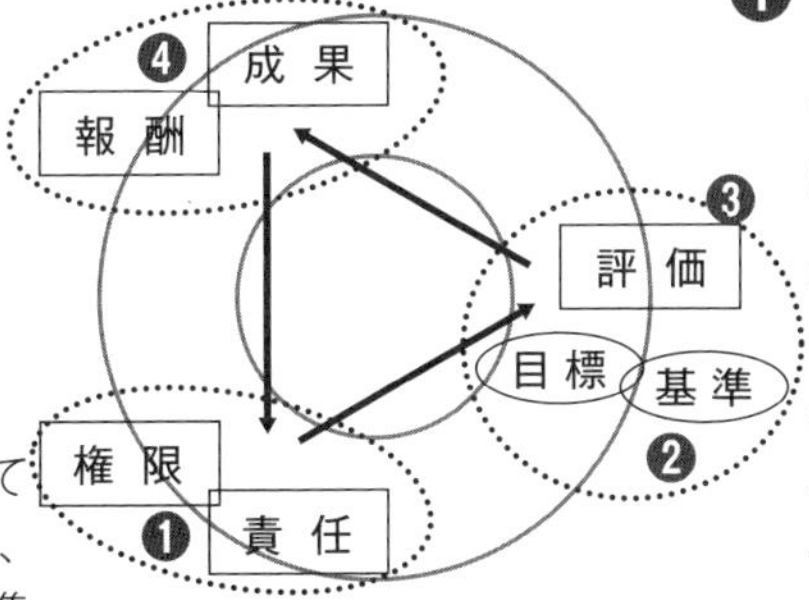

❹
成 果
報 酬
❸
評 価
目 標
基 準
❷
権 限
❶
責 任

❶ **権限**と**責任**のバランスはとれているか？

権限は少ないのに、責任は重い。そうした不満は会社を辞める要因になる。ただし大きな権限を与えた場合、報・連・相で逐一チェックを。

❷ **明確な個人レベルの目標はあるか？**

目標は高すぎると過度なプレッシャーになり、低いとヤル気を起こさせない。数値化できるような具体的な目標設定をおこなう。

❸ **「好き」「嫌い」で評価していないか？**

評価する人間によってバラつきがあるような、「将来性」といった基準や、相性に左右されるような評価は中国人には受け入れられない。

❹ **成果に見合った報酬は与えているか？**

成果に対して報酬が少なすぎると本人が不満に思い、多すぎると周囲の社員から不満が出る。どちらもバランスが崩れてしまう。

個人への「忠義心」を育て、定着させる

OK
僕と一緒に頑張ろう
NG
会社のために
チームのために
頑張ろう

会社への忠誠心を育てるには、個人対個人でタマゴの関係（P.20）をつくることが先決。中国人は、個人に対してなら比較的容易に忠誠心を発揮するようになる。

「会社を大きくするために頑張ろう」「みんなで乗り越えよう」という忠誠心を意識した言い方では、会社対個人の関係を重視しない中国人の心には響かないことが多い。

図解出典:『知っておくと必ずビジネスに役立つ中国人の面子』(総合法令出版)

One Point

接するときに気をつけたい
中国人に言ってはいけない5つのフレーズ

1
「言わなくても
わかるだろう」

言われなければわからない

中国人に「以心伝心」は通じない。やってほしいことはきちんと言葉にして伝えるべきだ。言わなければわからない。言わないからわからないのだ。

2
「自分で考えろ」

「見て学ぶ」ことに期待してはいけない

「仕事を通して学習する、気づきを大切にする」という文化は中国にはない。自分で考えろ＝自分に都合よく解釈してものごとを進めることもあるので要注意。

日本では「あうんの呼吸」「以心伝心」「一を聞いて十を知る」といった言葉がよく使われるように、言葉にするまでもなく相手を思いやって、相手が望んでいることを察する文化がある。

また、そうしたコミュニケーションができる人間が評価され、あまり相手に主張しすぎる人間は敬遠される。しかし、中国では日本で当たり前のコミュニケーションやものの言い方は通用しないと思ったほうがいい。

特に、このページで紹介するフレーズは、ついうっかり使ってし

3 「会社のために〜」「チームのために〜」

ドーナッツ(P.55)を意識させる

権限を与え、責任を課す。これをやったらこれだけ評価すると、相手の評価と成果、報酬につながるよう個人対個人の関係で話をする。

4 「まずは謝って」「とりあえず謝ろう」

中国人にとって「謝罪」は屈辱

中国の長い歴史に基づく彼らの価値観では、謝ること＝敗北、完全に自己を否定することを意味する。安易に謝罪をさせることはマイナスの結果しか招かない。

5 「日本だったら〜」「日本人だったら〜」

日本と比較しない

日本との比較を持ち出すことは「上から目線で傲慢」と反感を買いやすい。日本のやり方のよさを伝えているつもりでも、そうとらえてもらえない。

これもNG

人前で叱る

仮に本人に非がある場合でも、人前で叱るのは相手の面子をつぶすことになる。後からフォローしても無駄。一度入った亀裂は戻らないと思ったほうがいい。注意するときは１対１で。

反論に反論する

自ら非を認めることは「敗北」と考える中国人は、何事にも反論をする。そこにつき合うと、議論の本質を離れてしまうため、相手の反論にひとつひとつ反論しないほうが無難。

まうと、彼らとのせっかくの関係を壊してしまいかねないので要注意。

逆に、中国人の考え方を積極的に理解し、彼らに通じる言い方をすれば、期待以上に応えてくれるということも知っておこう。

One Point

中国のビジネスのしくみ「基本のき」

支払い、流通、口座開設……

中国でのビジネスというと、なにやら複雑怪奇なイメージを持たれることもあるが、いかに売れるものをつくって売るか、利益を最大化させるかという商売の基本は日本と同じだ。むしろ、中国は国の成り立ちから考えても、日本のようなモノづくりの職人の国ではなく、商いの民が主役の「商人の国」。時機を見て、儲かるものを売ることに関しては日本以上に貪欲だ。また、日本同様、インターネットの発達で販売ルートは多様化している。

　ただし、広大な国土を持つ中国

商品の流れは基本的に日本と同じ

卸、小売りを介さずネットで直販も

製造メーカーから卸売会社を通して小売りへ、という流れは日本と同じ。最近は、インターネットで、商品を直接消費者に売る「製造販売型」企業も登場している。

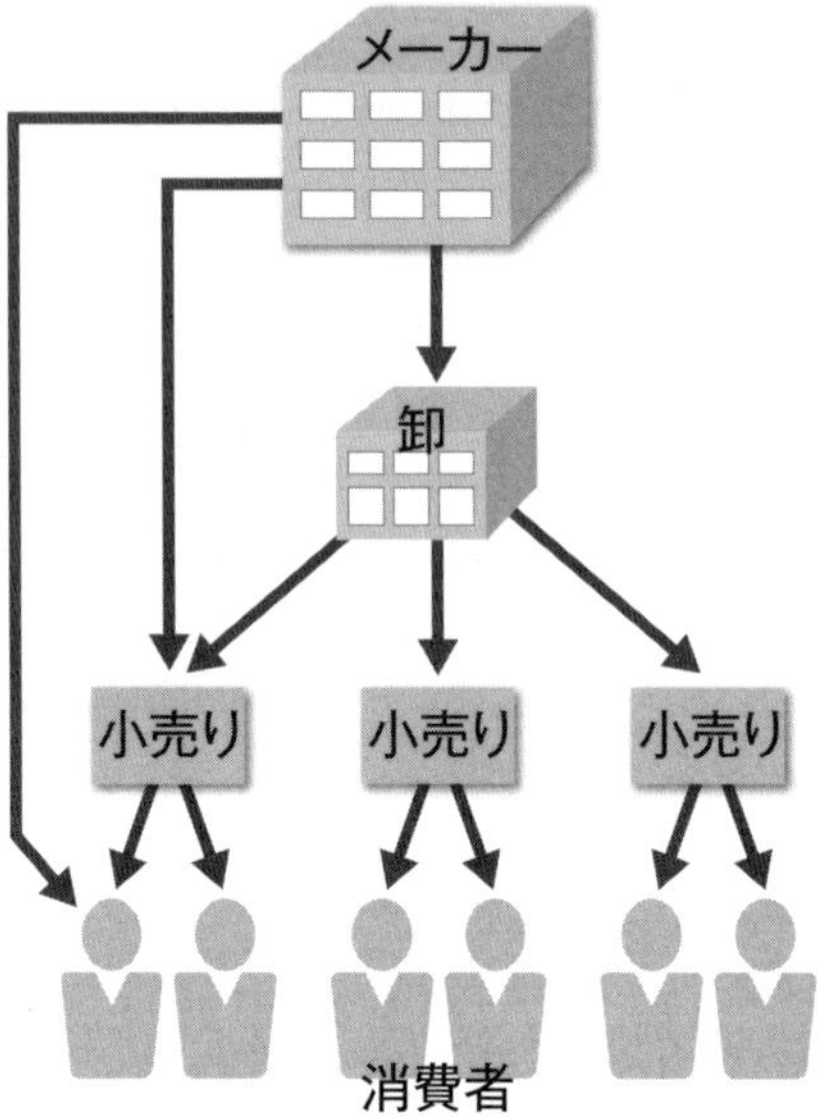

メーカー
卸
小売り
小売り
小売り
消費者

支払いの基本は現金後払い

広大な中国では、日本のような全国をカバーする金融決済のネットワークがない。どんなモノでも実物を確認し、その場で現金決済することが一般的だ。

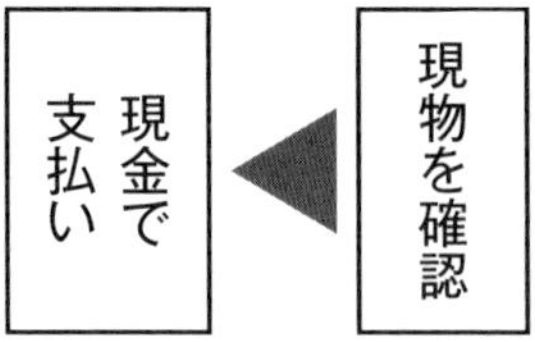

現物を確認
現金で支払い

人民元の口座開設は簡単

銀行口座

人民元口座

中国当局が外資企業に人民元建て決済を推奨しているため、人民元口座の開設は容易。数種類の口座があるが、現金引き出しが可能なのは人民元基本口座。

Step1 人民元基本口座開設許可証を申請

必要なもの

営業許可書、認可書、企業法人番号証、人民元口座開設依頼書、印鑑票など

Step2 人民元ICカードを申請

▼

口座開設

外貨口座

外貨に関する管理や規制が厳しい中国では、外貨口座の開設手続きは複雑。また資本金の規模によって外貨決済口座の残高限度が決められているので注意。

Step1 外貨登記証、外貨口座管理カードを申請、取得

必要なもの

営業許可書、認可書、企業法人番号証、会社定款、公章、設立申請同意書など

Step2 資本金項目外貨業務許可書の交付後、外貨登記証、外貨口座管理カードを提出

▼

口座開設

4つの「現」にこだわって取引する

現物主義

契約書は努力目標と考える中国では、納品された品物の品質は現物を自分で手にとって確認する。

現場主義

契約内容や過去の例にこだわらず、現場で判断し柔軟に対応できる人間が中国では評価される。

現金主義

高度な金融決済のネットワークが未発達の中国では、支払う側も受け取る側も現金でおこなうのが基本。

現実主義

半年前に立てた計画でも、状況が変われば役に立たない。すべて現実に即して対応することが重要。

では、商売に必要なしくみが、日本と同じようには機能しないこともある。そうした中国でのビジネスに関して、おさえておきたい基本となる「物流事情」「決済や支払い」「銀行口座の開設」について見てみよう。

意思決定

困った 社に持ち帰ったら他社と契約されてしまった

——意思決定のスピードが圧倒的に速い

取引先候補の会社を訪問
翌週
上司です
翌々週
部長です
翌々々週
社長です
もう遅いよ！△△会社さんとやることにしたから！

「それでは、社に持ち帰ってよく検討してきます」——。取引先から、いい返事をもらっても、その場では即決せず会社に持ち帰り細部まで検討してから返答する。日本のビジネスでは、そうした慎重さを重視するが中国では逆。

中国側は担当者が「権限と責任」をもって商談にのぞんでいるのに、こちらがその場でなにも決められないのでは商談の意味がない。まず、やってみて必要なら修正をする意思決定の速さが中国ビジネスの強みだが、確実性という面では弱点でもある。

中国ビジネスはとてもパワフル

中国ビジネス 3つの特徴

Speed
スピード

段階を踏んで意思決定していく日本に対し中国は即断即決。日本が稟議を回している間に市場をおさえてしまう。その分、ミスや不具合が出ることも多い。

Challenging
チャレンジ精神

多少のリスクがあっても、まずやってみるのが中国。チャンスには危険がつきものという考え。危険がないようにあらかじめ管理するという発想はない。

Flexibility
柔軟性

やってみて不具合があれば、現場でどんどん修正や変更をするフレキシブルさも中国の特徴。当初の計画とは違ったものになってしまうことも珍しくない。

中国の強みは、裏を返すと「一貫性のなさ」「その場しのぎの対応」など弱点にもなる。日本の「終始一貫してブレない方針」「慎重に進める安定感」という点が強みになることも。両方のバランスをいかすことがポイントになる。

「石橋の渡り方」も日中では違う

石橋を……

叩かない、渡らず船を使う、泳ぐ

石橋は叩かずに渡る、渡らずに泳ぐ、泳いだ後で橋を壊す。さらには川の流れを変えてしまうという発想をするのが中国人。慎重さよりも機会を重視する。

石橋を……

叩いて渡らない、叩きすぎて壊してしまう

石橋を何度も叩いて、安全性を確かめる。渡る前に納得できるまでリスクを減らさないと渡らないのが日本人。中国ビジネスでは、余計にそうした傾向が強い。

「取引先に打ち合わせに行ったら担当者が替わってたんだ。この前あいさつしたばっかりだったのに」

「ちなみに中国では、引き継ぎはほとんどおこなわれないんだ」

「そんなー!!　ふつう後任者を連れてあいさつに来るでしょ！」

「残念だけど、それはまず期待できないね」

引き継ぎ

困った　担当者が替わったのに引き継ぎがなかった

——引き継ぎがないのは日常茶飯事

いつものように取引先の中国企業を訪問して、担当者に面会しようとしたら「辞めました」と言われてビックリ。気を取り直して、後任の人を呼んでもらうと「あなたの会社のことはなにも聞いてません」と言われて、さらに驚いた……。

引き継ぎなしで、担当者が辞める。そんな、まさかの事態も想定内なのが中国ビジネスの現場だ。日本では、前任者から後任者への引き継ぎをしないことは、会社の信用にも関わる問題。

ところが転職が多い中国企業では、後任者がなにも引き継いでいないだけでなく、前の担当者とはまったく違う条件を提示してくることも珍しくない。あくまで、個人対個人の関係が仕事の基本なので、会社としての一貫性は重視されないこともある。

それだけでなく取引先の情報を個人が持ち出すことすらある。ここで、中国企業を責めても解決しない。あくまで、引き継ぎなしで担当者がいなくなる可能性があることを前提に、こちらが予防策を持っておくことが大事になる。いくつかポイントをチェックしよう。

そもそも引き継ぎがないことが多い

担当者が替わるときの対応

新しい担当者
契約内容を
変更しましょう！

新しい担当者に契約内容の変更を迫られることも

担当者が引き継ぎなく辞める。後任者も決まっていない。担当者が替わったら契約内容の変更を求められた。こうした状況も中国ビジネスではよくあることと考えたほうがよい。

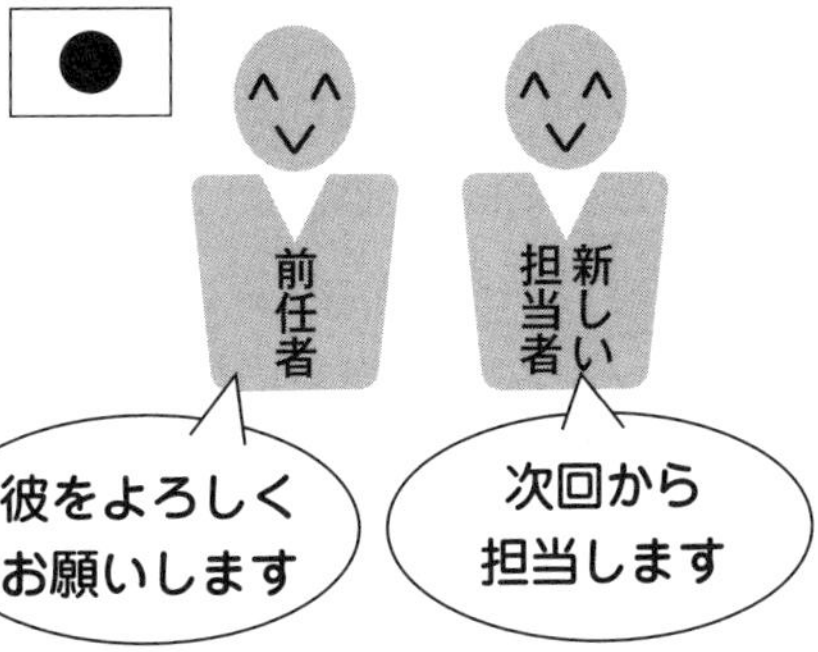
前任者
新しい担当者
彼をよろしくお願いします
次回から担当します

十分な引き継ぎをおこなう

会社対会社のつき合いを重視する日本では、担当者が替わる前に十分な引き継ぎをおこない、取引先にもあらかじめ後任を紹介して、ビジネスが滞らないようにする。

引き継ぎのトラブルを予防する

担当者の入社の経緯を知っておく

人材紹介会社経由の入社であれば、条件次第で転職の可能性が高いが、縁故なら簡単に辞めないなど、ある程度の予測ができる。

担当者が急に辞めたときのバックアップを考えておく

取引先の部署内の人間関係や、担当業務の権限と責任をモニターし、いざというときに代わりを務められそうな人を知っておく。

担当者と経営者の関係をおさえておく

担当者と経営者の間に、どれくらいの信頼関係があるのかチェックしておくことで、定着する人材か辞めそうな人材なのかを知る。忘年会（P.88）が絶好のチャンス。

Column

転職は「春節前後」に集中!?

春《しゅん》節《せつ》前におこなわれる取引先の忘年会には、ぜひ参加しよう。春節後に辞めそうな気配のある人はいないか、社内の雰囲気はどうかなどがリアルに伝わってくる（P.88）。

契約

困った

契約書通りに取引が進まない
——契約内容も臨機応変に改善していく

「契約が約束通りに進まないことがあるんだね。ビックリしちゃったよ」
「中国人は契約を『努力目標』ととらえているからね」
「こういう場合、僕たちはどう対応したらいいんだろう」
「いくつかポイントを紹介するよ」

一度、交わした契約内容は、どんなことがあってもお互いに守る。契約を破ることはビジネスとして「やってはいけない」と、日本人なら誰もが思うこと。ところが、中国では、契約書通りにビジネスが進まないこともしばしば。彼らにとって契約というのは、「努力目標」であり、「そのときの最善の選択」にすぎないからだ。

状況に応じて柔軟に対応することが、よいこととされる中国では、一度決まった契約内容であっても「よりよい方向」に臨機応変に変更していく。しかし、中国側にとっての「よりよい方向」が日本側にとってもそうかといえば問題は別だ。

たとえば、中国側が約束より納期を早めて部品を納品してきた場合。彼らにとってはベストな選択だったとしても、日本側にとってはジャストオンタイムが基本。納品を早められても困ってしまう。これを中国人の「自分流」という。チェックポイントを決め、それを契約書に盛り込み、約束を守らない場合の違約条項やペナルティを決めておくことで「自分流」を防ぐことができる。

その時点でベストだと思う方法を選ぶ

契約を川を渡る橋にたとえると……

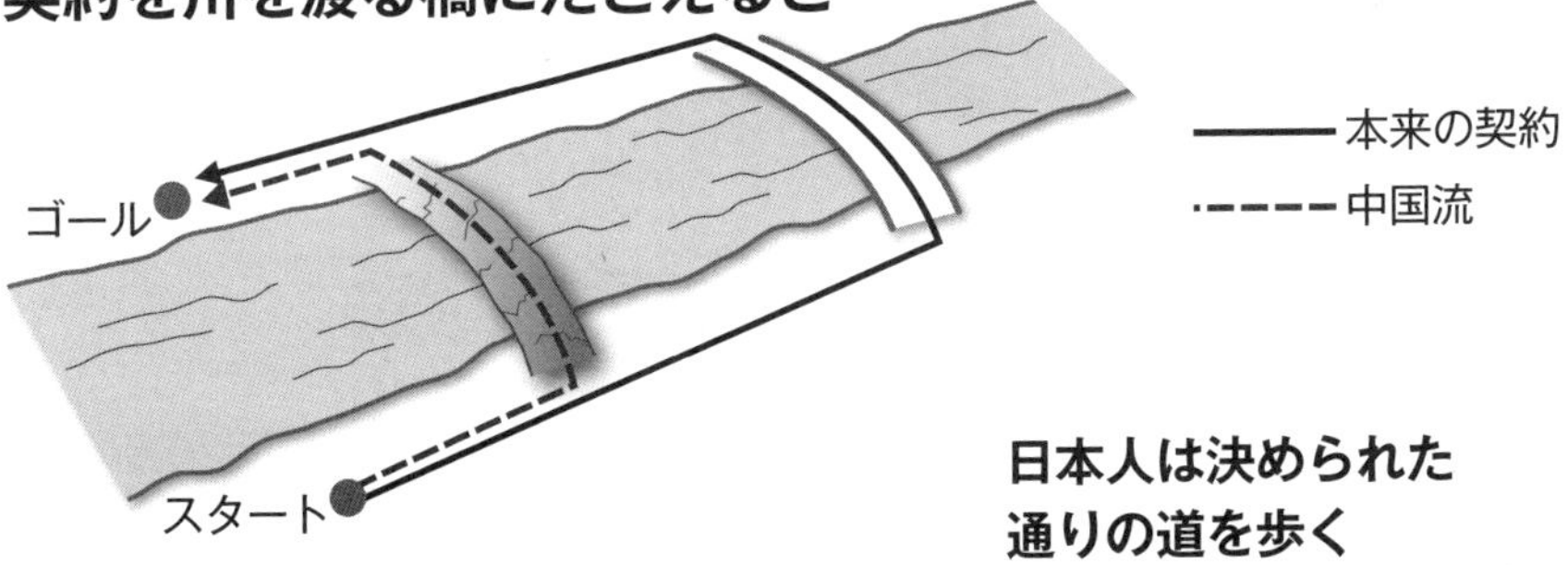

日本人は決められた通りの道を歩く

たとえ近道を見つけても契約書で決まったやり方は絶対に勝手に変えない。万一、変更する場合は必ず事前にリスクを十分検討して、相手にも相談をする。

中国人は勝手に近道をする

契約書で「渡るべき橋」が決まっていても、報・連・相なしに近道を見つけて渡ってしまう。リスクが高い橋も、「自分流」でどんどん渡る。

「報・連・相」を徹底させる

中国では……

報告:事後報告

連絡:必要なときだけ

相談:問題が起きてから

「自分流」を発動していないか常にチェックする

自分の成果を上げるためや、自分の都合にあわせて「自分流」で約束と違うことをしていないか、常にチェックすべき。

チェックポイントを契約書に盛り込む

契約通りに仕事が進むのを待っているのではなく、こちらから問題把握や課題の解決の機会をつくる。チェックを怠ったときのためにペナルティを決めておく。

現状確認を怠らない

あらかじめ細かくチェックポイントを決め、問題が発生していないかをモニターし、その都度こちらから現状を確認する。

取引先と
なるべく確認の
連絡をする
ようにはしていた
没有問題《メイヨウウェンティ》！
没有問題
没有問題
没有問題
でも結局支払いは滞り
業者は雲隠れ……

支払い

困った 「問題ない」と言っていたのに支払いが滞った

——問題があっても「問題ない」と言う

中国人が好きな言葉に「我行我素」、周囲を気にせず、わが道を行くというのがある。同じように、なにか問題が発生しているときでも、彼らはなにも気にせず「問題ない」を連発するので注意が必要。問題ない＝問題あり、と考えたほうが無難だ。

本当に問題ないか、問題を問題と認識していないのか、問題を隠しているのか、などを見極めるために役立つのが、「もしも、問題が起こるとしたら」と仮定した仮説力チェック。優秀なビジネスパートナー探しに非常に有効だ。

3つの「没有《メイ ヨウ》」に要注意

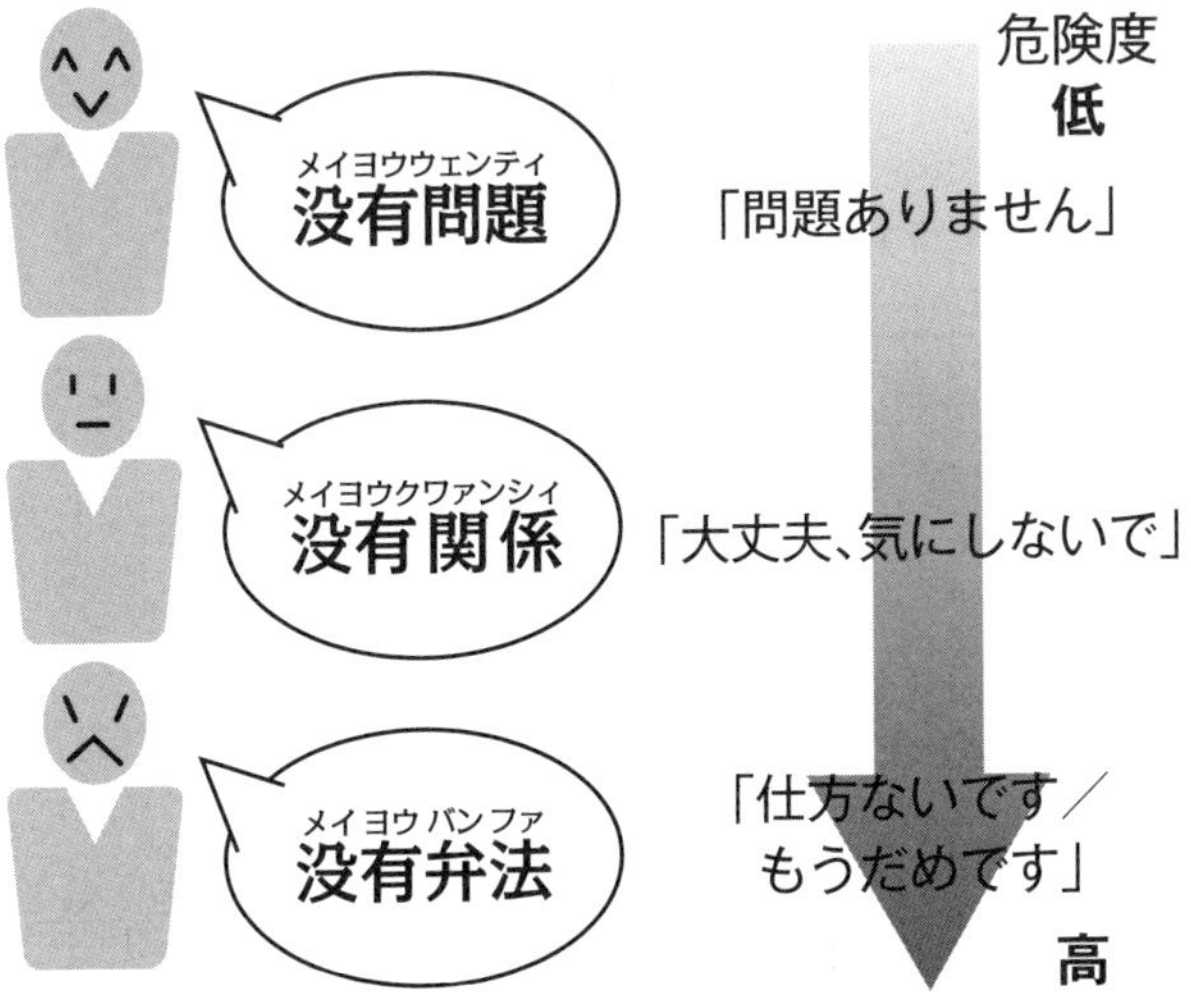
危険度
低
没有問題《メイヨウウェンティ》
「問題ありません」
没有関係《メイヨウクワァンシィ》
「大丈夫、気にしないで」
没有弁法《メイヨウパンファ》
「仕方ないです／もうだめです」
高

「問題ない」は「問題あり」と心得るべき。これを連発する中国人には要注意だ。「没有関係」が出るころにはかなり問題が深刻化していることも。「没有弁法」が出ると、もう事態は修復不可能だ。

その取引先は大丈夫？ 仮説力チェックリスト

「没有問題」という返事があったときに、本当に信用できる相手かどうか見極めるのに使ってみよう。

Q.「もし問題があるとすれば、どんなものがありますか？」

A1.「問題ないですよ」としれっと言う

A2.「なんで疑うんですか !? 」と逆ギレ

A3.「あるとすればAかBが考えられます」

○ ビジネスパートナーとして大切にしたい、信頼できるタイプ。ビジネスの経験やビジネスセンス、仕事に取り組む姿勢がわかる。

× できればつき合いを避けたいタイプ。典型的な自己中心的中国人。「面子」にかけて正当性を主張している。

△ 「私はA、B、Cが考えられると思うのですが……」とこちらから提示し、それでも「問題ない」と言い張るようなら要注意だ。

通訳、語学学習……
言葉の壁を
どう乗り越える?

中国ビジネスをおこなうとき、壁にも味方にもなる「中国語」を味方にするには?

語学学習の鉄則 3ポイント

とにかく短期集中。中国語の基礎は短い期間でマスターするのがコツ。

①「発音」と「四声《しせい》」は短期集中で

中国語は発音と、音の高低のパターンの違いで意味を分ける「四声」がなにより重要。時間をかけるのは逆にマイナス。短期集中で徹底してマスターしよう。

②日本人が苦手なポイントを矯正

日本人が苦手な発音のポイントを聞き分け、しっかり教えてくれる先生を探し、体で覚えるようになるまで何度も「聞く」「口にする」をくり返す。

③聞いて書き取る「听写《ティンシエ》」をくり返す

正しい発音を聞き取りながら、ローマ字の発音記号を何度も書き取る。これは単調な学習だが、実は中国語が身につく人とそうでない人の分かれ目がココ。

通訳を頼むときの NG 3ポイント

通訳は最大の味方、最大の戦力と心得よう。ただ日本語ができるだけではダメ。

①旅行会社のツアーガイドに頼む

日本語ができることと、ビジネスの折衝ができることは別。大事な説明も、自分の知っている言葉に置き換えてしまったり、逆に違う話を勝手にされてしまう。

②留学生、現地の日本人学生に頼む

語学が堪能でも、ビジネス経験がない人間に通訳をさせるのは危険。費用は安いが、問題が発生しても責任がとれないので、結局高くつくことになる。

③相手側が用意した通訳に頼む

これは論外。相手の通訳は相手の味方。相手の通訳に任せることは、交渉を放棄するのと同じ。タマゴの関係(P.20)になれる通訳を現地でつくることが大切。

Part3

広大な中国では地域によってまったく違う

生活習慣を把握し、マーケティングをおこなう

13億人という莫大な人口を抱える中国。
マーケットとして非常に魅力的だ。
「日本で売れたから中国でも……」と、飛びつきたくなるがそう簡単にはいかない。
中国人は何を好み、何を買い、どんな生活をしているのか。
それを把握することが成功への近道だ。

ポイント

13億人の平均をとっても意味をなさない

「世界の工場」と呼ばれた中国は、経済成長と共に13億人もの膨大な人口を抱える「世界の市場」へと変化した。

モノが売れない成熟市場と呼ばれる日本や欧米などの先進国にとって、人々の収入が増え、モノが売れる成長市場の中国は魅力的。日本からも多くの企業が中国市場を狙い進出しているが、苦戦しているケースもある。

大きな要因のひとつは、日本流のマーケティングをそのまま中国に持ち込んでしまうこと。たとえば、中国人はモノを買うとき、必ずその場で機能をチェックする。それだけ、中国では偽物や不良品が多いのだ。そのことを考慮せず、「お試しお断り」のような販売方法をとると、中国の消費者からは信頼が得られない。さらに、広大な中国では都市ごとに生活習慣も異なる。中国で一元的なマーケティング手法を用いてモノを売ることは不可能だし意味がない。

どこで、どんな人に、何をどう売るか。きちんと分析する必要がある。

Column

56の民族からなる多民族国家

日本人は意外に忘れがちだが、中国は56もの民族で構成される多民族国家だ。

その中でも漢民族が人口の約90パーセントを占める。残りの10パーセントの中に、55の少数民族が含まれる。少数民族でもっとも人口が多いのは、チワン（壮）族で1600万人。

また、少数民族の地位や権利も中国政府の政策によって確保され、「広西チワン族自治区」など、それぞれの民族の自治区が認められている。

「4つのフィルター」を重ね合わせて考える

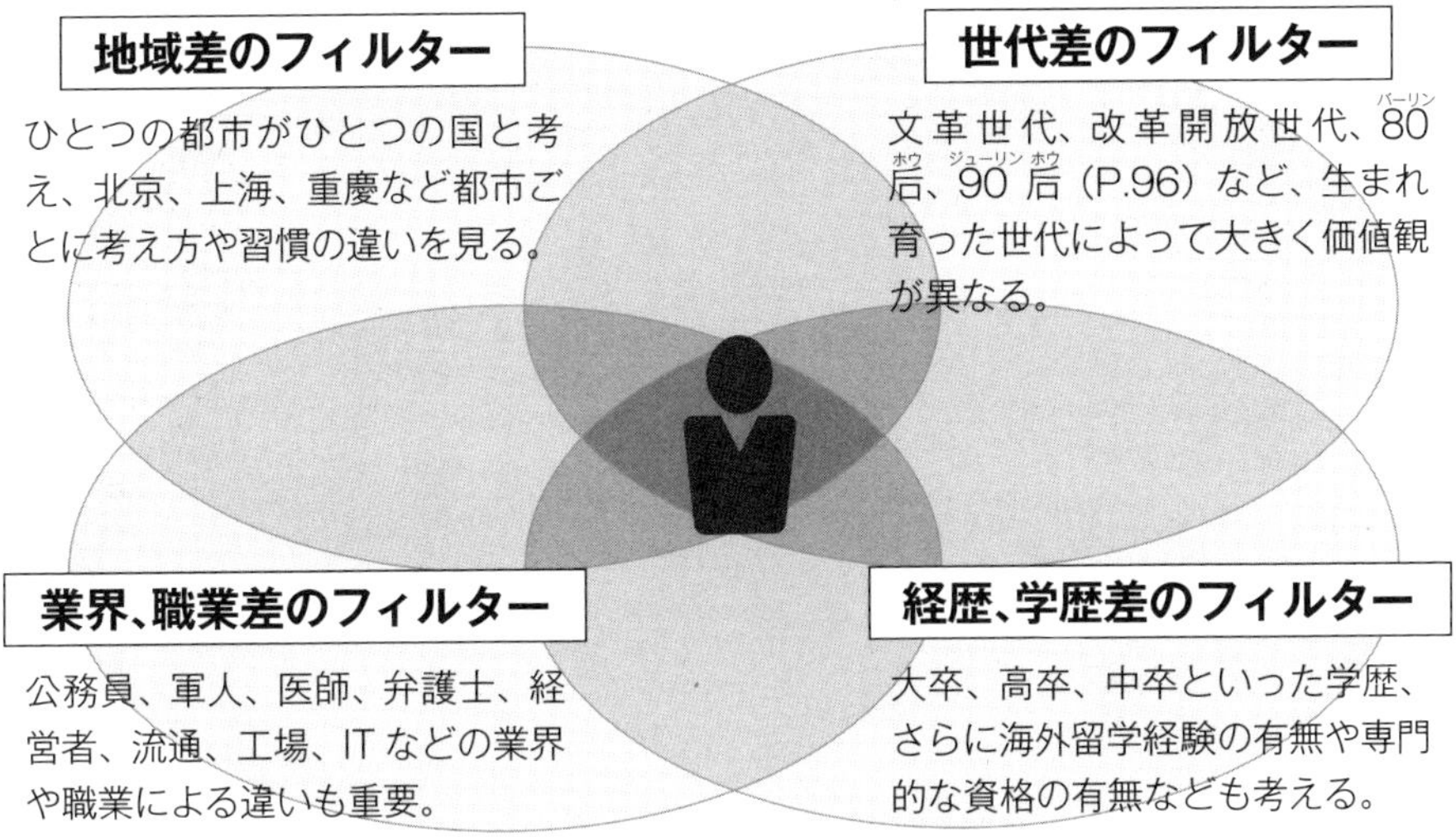
地域差のフィルター
ひとつの都市がひとつの国と考え、北京、上海、重慶など都市ごとに考え方や習慣の違いを見る。
世代差のフィルター
文革世代、改革開放世代、80《バーリン》后《ホウ》、90《ジューリン》后《ホウ》（P.96）など、生まれ育った世代によって大きく価値観が異なる。
業界、職業差のフィルター
公務員、軍人、医師、弁護士、経営者、流通、工場、IT などの業界や職業による違いも重要。
経歴、学歴差のフィルター
大卒、高卒、中卒といった学歴、さらに海外留学経験の有無や専門的な資格の有無なども考える。

まずは本書で扱うような、中国人の共通項、「基本の基本」をしっかり理解。そのうえで色の違う４枚のフィルターを重ね合わせてみる。無数のグラデーションの中から、理解すべき相手の特徴を見つけ出そう。

「人に対する理解の方法」は日本人と中国人では根本的に違います

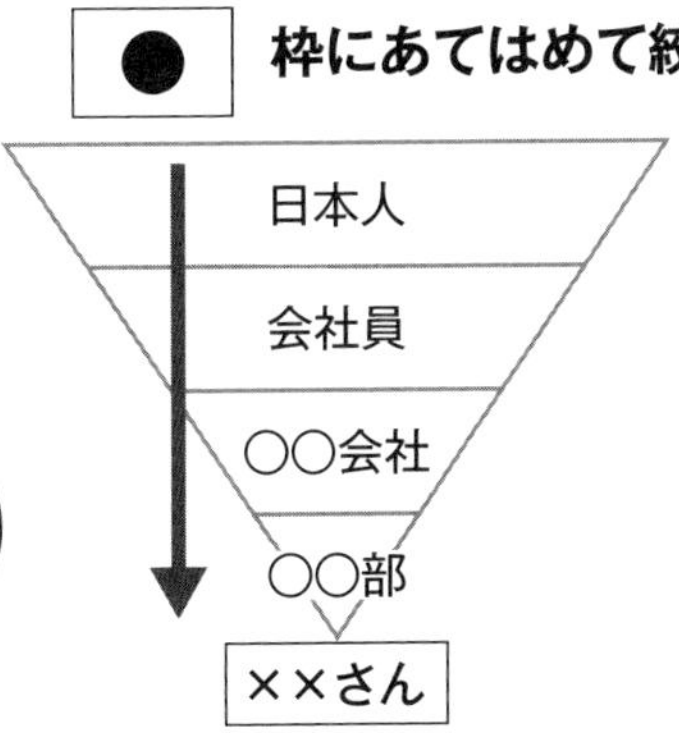
日本人
会社員
○○会社
○○部
××さん

枠にあてはめて絞り込む

どこの会社に勤めている、どんな職業や役職の人、というような枠にあてはめ、そこから人となりをパターン化して理解しようとする。

型にはめず、「その人はどんな人か」を理解する

相手の勤め先やどんなタイプの人かなど、パターン化して理解しようとせず、相手が「個人として、どんな人物なのか」を、ダイレクトに知りたいと考えるのが中国人。

家計

将来の不安に備えた貯蓄より今の生活・明日の自分に投資する

中国では家計に占める貯蓄率は低い。日本のように、「老後のために貯金」するよりも、今、自分にどれだけ投資できるかを考えるからだ。経済成長に負けないように、自分自身の価値を上げるための出費や「タマゴの関係」(P.20)をつくるための投資も惜しまない。また、不動産、株など資産を分散することが中国流のリスク管理なのだ。

現在、中国では富裕層、中間層が急激に増えている。もはや中国には、従来イメージされるような極端な貧富の差はない。新たな〝中間リッチ層〟が都市部から内陸部まで拡大している。日本の人口をはるかに上回る巨大消費市場が生まれているのだ。

自分たちのビジネスがターゲットとする層は、どこに分布するのかを正確に把握しないと逃がした魚は大きすぎるのが中国。サブネクストリッチ層（左ページ参照）にモノを売るのであれば、ブランドイメージにとらわれず機能を省いてでも、安価なもののほうが売れる。「売れるもの＝いいモノ」というのが中国流なのだ。

Column

パソコン、マイホーム、マイカーが「三種の神器」

日本でも高度成長時代には家電などの「三種の神器」が庶民の憧れだったが、中国でも同じ。70年代には「老三件」と呼ばれる、自転車、ミシン、腕時計が、80年代にはカラーテレビ、冷蔵庫、洗濯機がもてはやされた。90年代に入ると、エアコン、電話、システムコンポを揃えることがステイタスとなり、2000年代では「超級三件」と呼ばれるパソコン、マイホーム、マイカーを持つことを中国人が競い合うようになっている。国も「家電《かでん》下郷《かごう》」などの政策で購入層を広げた。

都市部の世帯年収はこんなに変化した

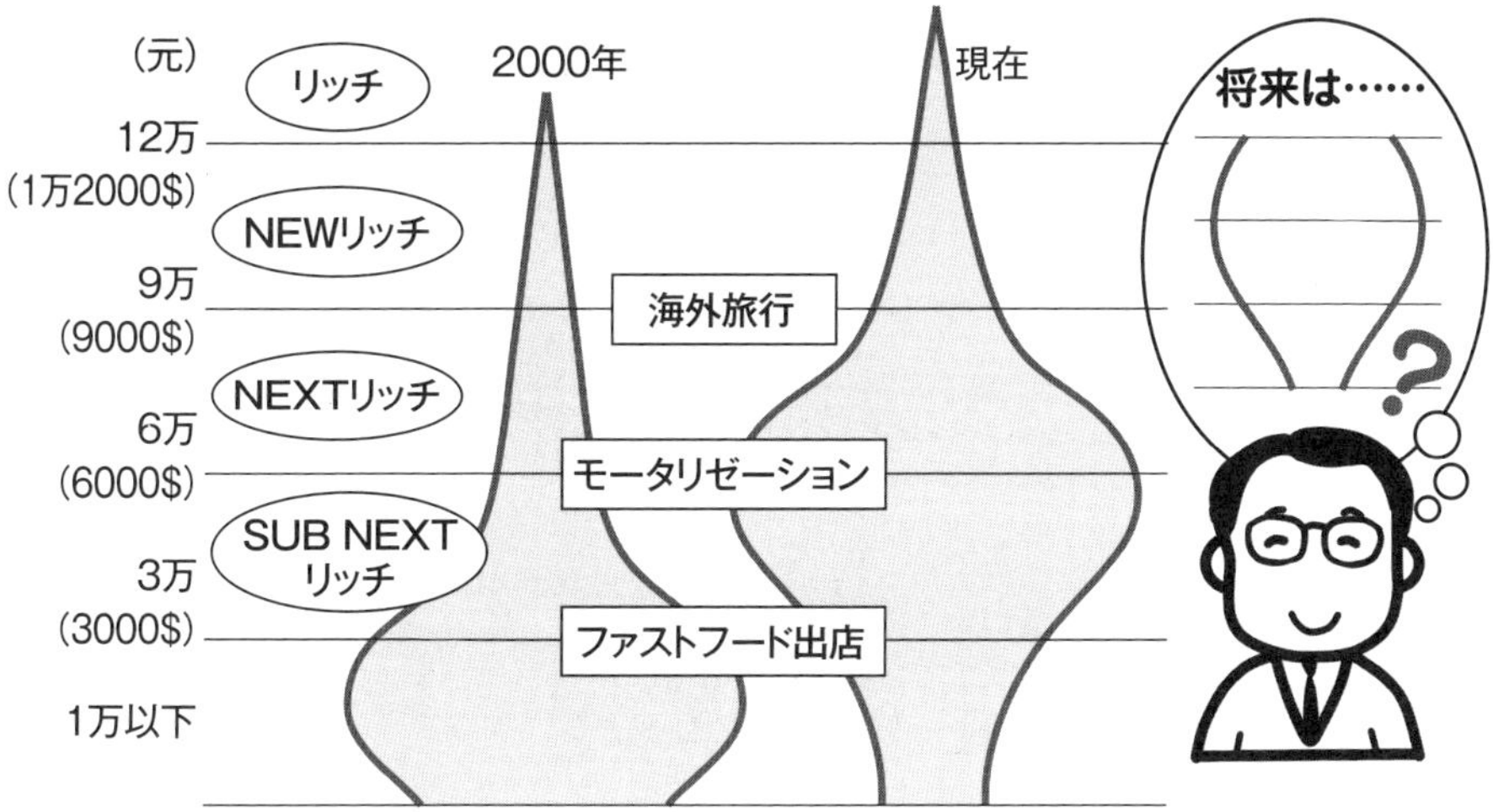

(元)
リッチ
2000年
現在
将来は……
12万
(1万2000$)
NEWリッチ
9万
(9000$)
海外旅行
NEXTリッチ
6万
(6000$)
モータリゼーション
SUB NEXT
リッチ
3万
(3000$)
ファストフード出店
1万以下

(JETRO推計データをもとに作成)

上は都市部の世帯年収を表したもの。外食産業が普及し始めるのが3000ドルライン。モータリゼーションが始まるのが5000ドルライン。一家に1台自動車を所有するようになる。エネルギッシュな中国の経済はまだまだ続きそうだ。

お金に対する感じ方も日本とはひと味違う

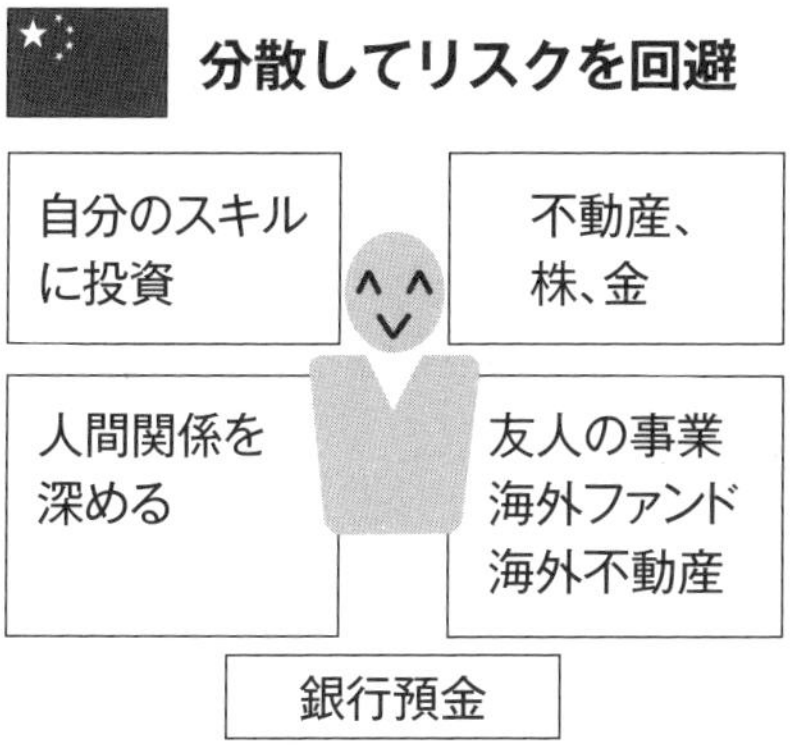

分散してリスクを回避
自分のスキルに投資
不動産、株、金
人間関係を深める
友人の事業
海外ファンド
海外不動産
銀行預金

預金をすることよりも自分のスキルアップのための投資や不動産購入、株式投資、強い絆のある友人の会社への出資など、自分の資産を分散させて管理。

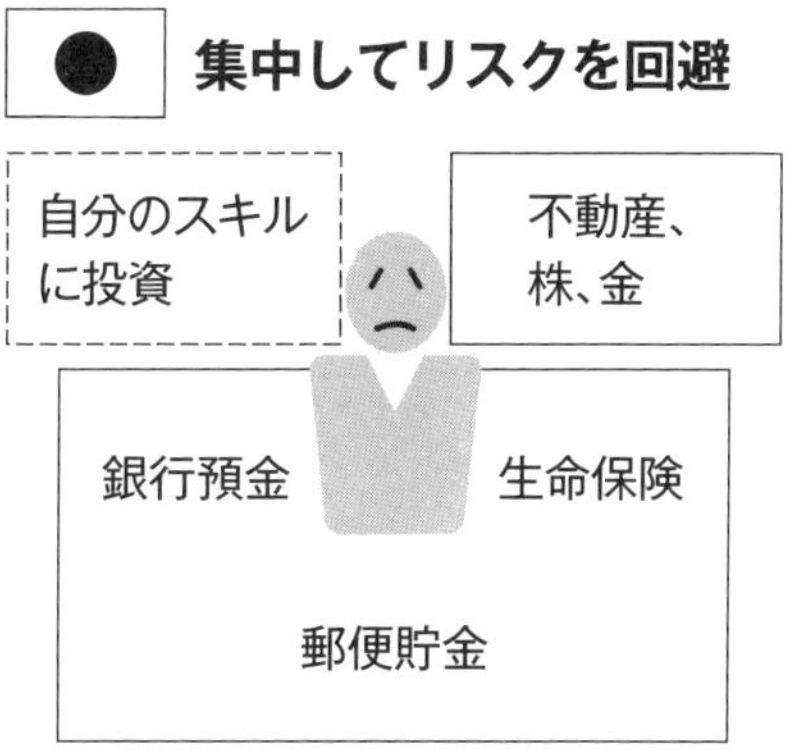

集中してリスクを回避
自分のスキルに投資
不動産、株、金
銀行預金
生命保険
郵便貯金

年金問題など、多くの人が老後の生活に不安を持つ日本では、目の前のものへの支出や投資よりも、比較的安全とされる郵貯や銀行などへ預金をする。

家庭環境

核家族化が進み、子どもは「小皇帝」として大切に育てられる

人口が多いほうが国力が強まるとされてきた中国では、１９６０年代後半には3億人も人口が増え、生活水準の低下や食料不足が問題となった。そこで１９７９年から始まったのが「一人っ子政策」。第2子以降の罰金や賃金カットで人口を抑制し、２００２年の人口増加は８２６万人にまで抑えられた。

そうした国の政策によって生まれた一人っ子は、両親や双方の祖父母の愛情と期待を一身に受けて過保護に育ち「小皇帝」と呼ばれるようになった。兄弟や従兄弟もいない環境だけに、ほとんどのわがままを聞き入れてもらって育っているからだ。

また、子どもにかけるお金を惜しまない。その結果、大卒者が急増。就職先がなく、親のスネをかじりながら生きる啃老族《ケンラオズウ》と呼ばれる若者が増加し社会問題にもなっている。

核家族化も進んでいるが、子どもから両親への「孝」を重んじる考え方や、血縁、同郷などのつながりは現在でも、とても大切なものとされている。

Column

急速に進む高齢化。福祉や医療制度は？

日本以上に急速な高齢化が進んでいるのが中国。２００５年には65歳以上の高齢者が1億人を突破。２０４０年には高齢者の数が3億人となる大高齢社会となる予測がされている。

一人っ子政策の影響で、労働人口は減少するなか、年金や医療保険を支える若い世代の負担は増大。また、都市部と農村部で、社会福祉制度が異なり、農村部での年金受給者は人口の5パーセントにすぎないなど、社会保障制度全般が未整備。子が親の面倒をみるという習慣も理由のひとつだ。

6つの「銭《チェン》包《バオ》」（財布）を持つ「小皇帝」

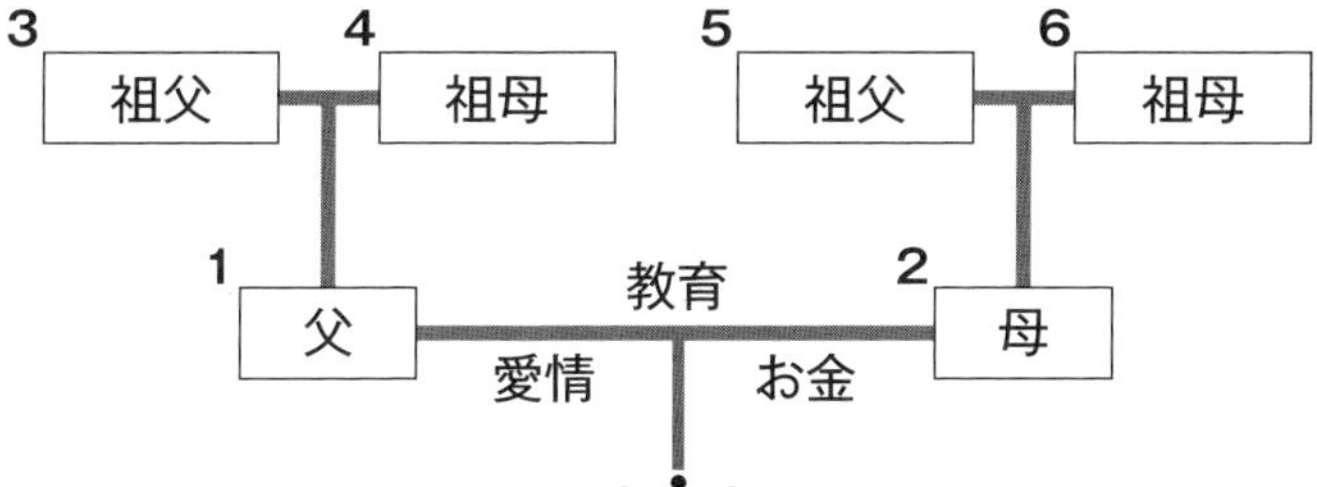
3 祖父
4 祖母
5 祖父
6 祖母
1 父
2 母
教育
愛情
お金

小さな皇帝
||
小皇帝

モノを買い与えるだけでなく将来豊かな生活が送れるよう、高い教育費を払って塾に通わせ、両親、祖父母が一体となって「小皇帝」のため英才教育をおこなう。

一族のつながりはビジネスの面でも重要

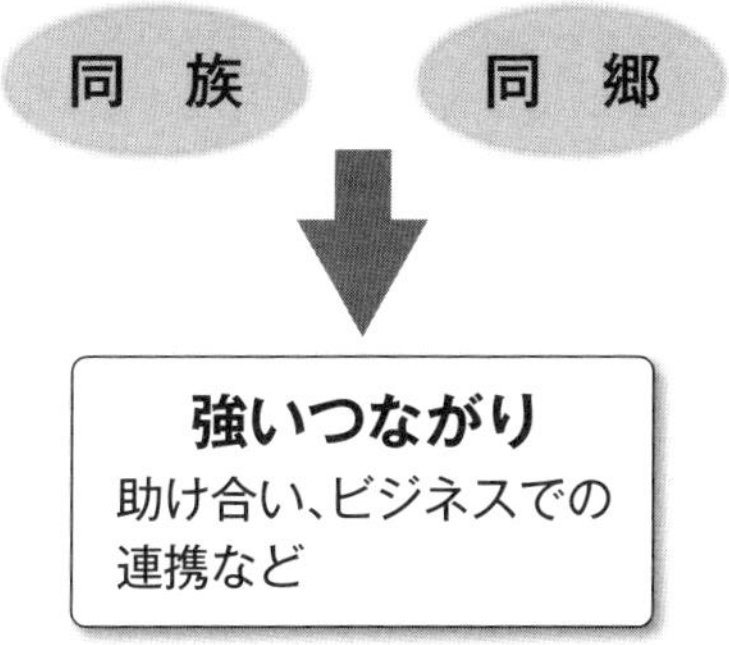
同 族
同 郷
強いつながり
助け合い、ビジネスでの
連携など

血のつながりを重視する中国では、一族の中に成功者が出ると、事業の幹部を親族でかためたり、出資をしたりすることも多い。華僑の世界でも「宗親会」という同姓の会がある。

中国人は「家系図」を
持っている人も多い
自分の一族をさかのぼれる
ようになっているんだ

教育

いい企業に入るためにトップの大学を目指して英才教育がなされる

一流企業に入るためには、いい大学に入ることが第一関門――。こうした考え方は日本も中国も、基本的には同じ。教育制度そのものも、小学校6年、初級中学（中学校）3年、高級中学（高校）3年、大学4年で変わらない。しかし、日本以上に過酷なのが、いい大学に入るための受験戦争と卒業後の就職活動だ。

一人っ子政策で将来を期待される大学卒業者の数は、日本の63万人に対して580万人。すべての大学生が希望の企業に入れるわけではない。しかも、中国の有力グローバル企業、国営企業は最初からエリート層と一般学生を分けて採用し、就職時から特別なポジションを与え給与も大きく異なる。

そのために、卒業時にエリート層として認められる北京大学などの「重点大学」入学を目指し、小学校から重点小学校、重点初級中学、高級中学と熾烈な競争を勝ち残っていかなくてはならない。

その中で日本企業は、実力主義での昇給昇進が約束されておらず、中国学生の就職人気度は高くない。

Column

留学生（海亀族《ハイグェイズウ》）がもてはやされる時代は終わり？

かつての中国では優秀な頭脳を持った留学生が海外に流出していた。危機感を持った中国政府は、留学帰国者の起業支援や就職支援などの優遇策を実施。その結果、海外から帰国した留学生は、浜辺で孵化して大海に出て育ち、再び戻って産卵する海亀になぞらえ「海亀族」と呼ばれ人気に。

しかし最近では、国際的な人脈を持つ一部の人を除き、MBAのような実務経験のない資格だけでは就職も困難となった。むしろ国内の重点大学で努力した「土亀族《トウグェイズウ》」に負けている。

教育のシステムは日本と似ている

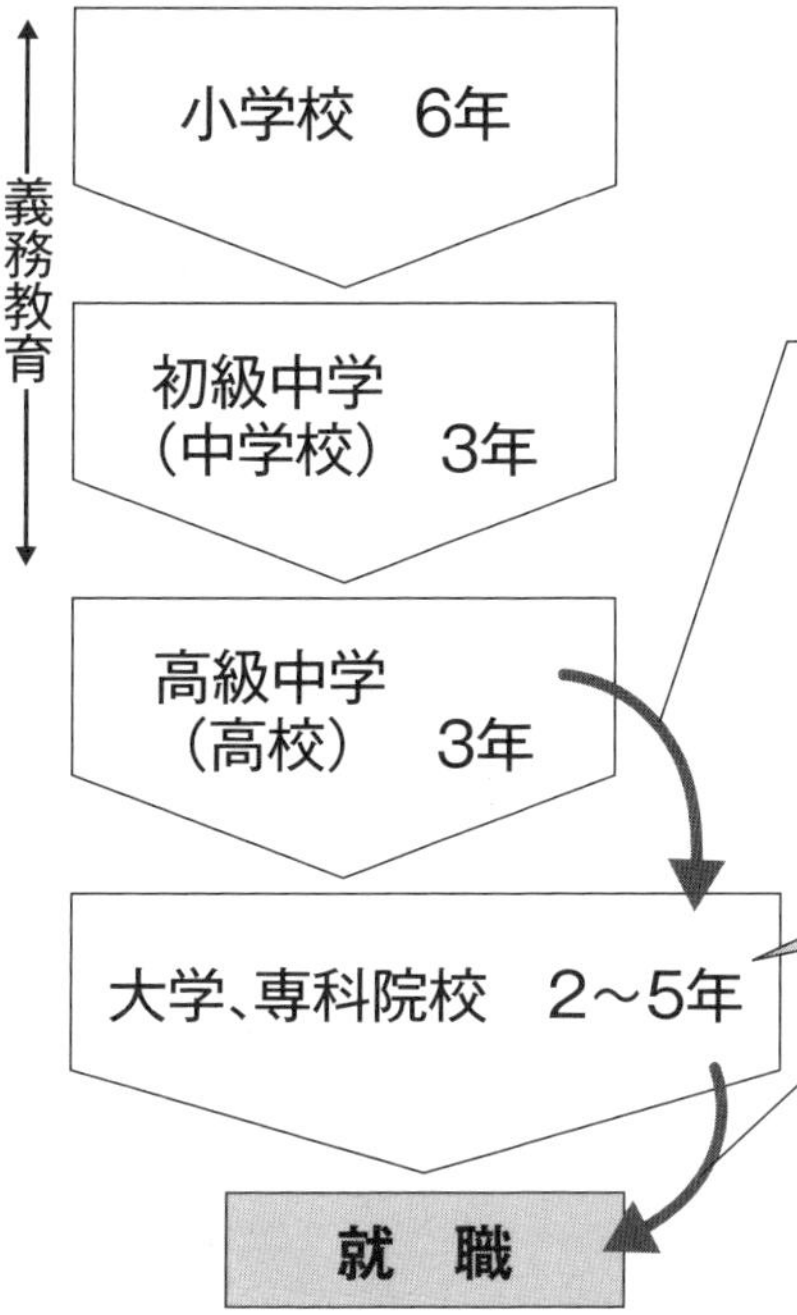

義務教育
小学校　6年
初級中学
（中学校）　3年
高級中学
（高校）　3年
大学、専科院校　2～5年
就　職

小中高の6・3・3制で小学校、中学校が義務教育なのは日本と同じ。ただし飛び級などのエリート育成のしくみもある。

全国統一試験を経て大学に入る

日本と違い、大学や専攻ごとの試験がなく全国大学統一入試の結果のみで志望校への合否が決まる。家族ぐるみで力が入る。

トップ4は北京大学、清華大学、復《ふく》旦《たん》大学、上海交通大学

就職後の待遇も学歴で変わる

「重点大学」か否かなど卒業大学は明確にランク付けされ、ランク上位校の学生はエリート層として特別扱いでキャリア育成される。

進級、就職は「面子」「ブランド」を強く意識する

ブランド力
キャリアアップに使えそう

自己投資のための「ブランド」

自分の価値を高め、自分を高く売るために大学も就職企業も「ブランド力」のあるところを選ぶ。自分の面子を高めるための選択。

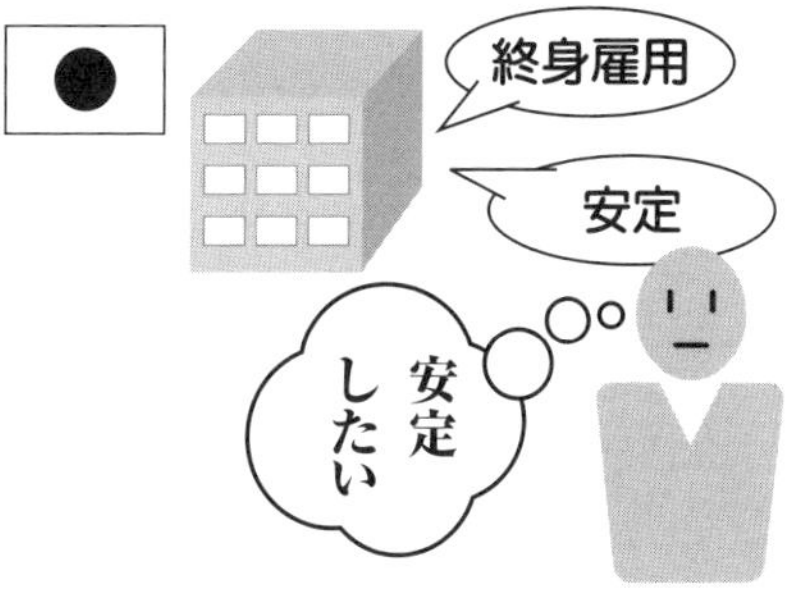

終身雇用
安定
安定したい

安定のための「ブランド」

会社に属することで、生活やキャリアが守られる日本では、就職企業選びでも「安定していること」がブランドとして評価される。

結婚

タブーだった離婚が容認され、結婚ビジネスが加速

経済成長と共に大きく変化したのが、中国の結婚事情だ。改革開放（P.166）後、婚姻に関わる規制（職場の許可証が必要など）が撤廃され、結婚も離婚も原則自由となった。「煮夫《ジュフ》」と呼ばれる専業主夫や、お試し離婚をサポートするサービスまで登場。さらに、結婚によって豊かな生活を手に入れたいと考える女性も急増している。

就職難の中で就職するよりも、高学歴・高収入・高身長の男性と結婚することを望む「急嫁族《ジージャアズウ》」と呼ばれる女性が、結婚相談所に駆け込んだり、ネットで結婚相手を募集。そうした〝婚活〟を支援する結婚ビジネスも中国では急成長しているのだ。

結婚式も都市部を中心に年々豪華に。平均年収の2倍もの金額をかけることも珍しくない。また、以前の中国では不道徳とされた同棲を「試婚《シーホオン》」としておこなうカップルも増えている。

一方で、農村部では、戸籍の移動が制限されるため、女性から結婚相手として敬遠される農村男性の未婚率が高まる一方となり、新たな社会問題にもなっている。

Column

中国でも「婚活」がさかんに

晩婚化が進む中国だが、やはり伝統的に男性は、自分より高学歴、高収入、高身長、年上の女性を避ける傾向があり、20代後半の未婚女性は「剰女《シャンニュイ》（残ったおひとりさま）」として世間の風当たりが強くなるという。

そのため、本人たちだけでなく、親までもが婚活に熱心になる。北京の中山公園では、週末になると未婚の子を持つ親どうしが、わが子の学歴や年収、結婚相手の条件などの身上書を掲げ、お見合いをする「父母相親《フームシャンチェン》」がさかんにおこなわれている。

結婚式は人間関係を深める絶好のチャンス

人間関係を深め「タマゴの関係」（P.20）になる機会として、結婚式はおすすめ。中国では、友人の兄弟、取引先の担当者などの式を祝福しに駆けつけると、相手の親族からも歓迎され「義の面子」が深まる。

気軽に参加できるけど、日本の結婚式とはだいぶ様子が違う。
日本とは違うポイントをまとめてみると……

いつ始まるか わからない

開始時間があってないようなものなのが中国流結婚式。いつのまにか自由に集まり、自由に飲んで食べて、お開きの言葉もなく終わる。

何人来るか わからない

当日、始まってみないと何人集まるか誰も正確にわからない。ご祝儀の「紅包《ホンバオ》」を持って、飛び入りで参加する人も歓迎される。

プログラムが 決まっていない

お決まりのあいさつも司会進行もなく、新郎新婦がテーブルを回りながら乾杯をくり返し、参加者は自由に飲んで食べて祝福をする。

これも気になる

中国の結婚式　素朴なギモン

Q.どんな服装で行けばいい？

A.ラフな格好でＯＫ

日本の礼服のような黒と白の組み合わせは、中国では葬儀の色なので NG！特にフォーマルでなくても、スーツやラフなジャケット姿でも問題ない。

Q.ご祝儀は？

A.おめでたい席には「紅包」を

「紅包」と呼ばれる赤い包み紙に入れてご祝儀を渡すのが一般的。888 元、600 元など、中国では偶数の金額を包むことがよいとされる。

結婚式は地域や民族によってかなり差があります

忘年会

1年の労をねぎらう忘年会は会社全体で盛大におこなわれる

中国のお正月は、年明け1月下旬から。この春節《しゅんせつ》（旧正月）を前に、社員の1年間の労をねぎらって社長主催でおこなわれるのが中国式の忘年会だ。また、ボーナス支給もこの時期。

日本では部署内やプロジェクト単位でおこなったり、最近では費用も割り勘や会費制が多いが、中国の忘年会は日本とはひと味違う。すべての費用が会社負担で、社員全員を集めて盛大におこなわれる。豪華な景品が出るビンゴ大会をおこなったり、この1年で会社で成果を出した優秀者を表彰する。

この忘年会に親しい取引先が招待されることも多い。日本の感覚で考えると不思議だが、両者の絆を強め、また、いろんな情報収集ができるチャンスなので、遠慮せずにぜひ参加してみよう。

忘年会後の春節は、中国での正月休み。多くの企業が連休を設け、社員は里帰りをしたり、国内・海外旅行に出かける。交通が混み合ったり、商店が休業になることも多いので、春節の出張には注意したい。

Column

出張の帰り際に「日本のカレンダー」を置いていく

年末に中国出張へ行ったら、帰りがけに現地に「日本のカレンダー」を置いていくようにしよう。

これは、中国側に日本の祝日を知らせるため。5月上旬のゴールデンウィークや体育の日などは日本だけの祝日だ。それを知らずに中国のビジネスマンが日本企業に電話をして誰も出ないと、「？」となってしまうし、印象がいいとは言えない。

祝日を知ってもらうためカレンダーを渡しておけば、小さなすれ違いを防ぐことができるのだ。

関係を深め、情報収集もできる

メリット①

さまざまな内部の事情が見えてくる

- 今期の業績、会社の勢い、社内の雰囲気
- もっとも貢献した部署、社内のキーパーソン
- 誰がどこに座るか、誰が誰にお酒をついで回るか
- 新しい年の展望、新しい計画、会社の方向性

忘年会では以上のような点が観察ポイント。社内の人間関係、社長から信頼されている人物は誰かなど、ふだん外部からは見えない部分をじっくり観察できる。

メリット②

1年の区切りで人事異動や転職の情報も

春節は転職や人事異動のシーズン。春節前のボーナスをもらって辞めそうな取引先の担当者はいないかなどを、個人的な会話をしながらチェックできる。

春節に中国出張するメリット、しないメリット

春節に出張を
入れる
↓
忘年会では
外からはわからない
情報を入手できる

春節に出張を
入れない
↓
連休期間は商談が進まない。
大きな商談は春節後に
始めるのがベター

年中行事

祝日、年中行事をおさえて消費の傾向を知る

中国の祝日は一筋縄ではいかない⁉ というのも、「国慶節《こっけいせつ》」など新暦でおこなうもの、「春節《しゅんせつ》」など農暦《のうれき》（旧暦）でおこなうものが混在するのだ。年始に中国の祝祭日がわかるカレンダーを入手しておくと便利だ。

中国でもっとも人々が楽しみにし、消費も盛り上がるのが春節（旧正月）。ボーナスが支給され、帰省や海外旅行に出かける人などで街も交通機関も大混雑する。この時期に、中国人社員には必ず休暇を与えなければならない。

その他にも、先祖のお墓参りをする「清明節《せいめいせつ》」、ちまきを食べる「端午節《たんごせつ》」、月餅《げっぺい》を食べてお月見をする「中秋節《ちゅうしゅうせつ》」、建国記念日である「国慶節」など、中国には歴史と伝統があり、特定の消費に関わる祝日や行事があるので覚えておきたい。「青年節」のように、14歳以上の青年にだけ半日の休暇が与えられる日などもある。

こうした年中行事の中には、経済発展での生活の変化などで簡略化されつつあるものも出ている。

Column

宗教は文化大革命で一度弾圧を受けた

中国の三大宗教とされるのが「儒教」「仏教」「道教」。儒教は血縁による人間関係を重視し、親を敬う文化を中国に根付かせた。道教は、あらゆる願いを受け入れ、さまざまな現世利益を説き、不老不死の思想で中国人に影響を与えている。

こうした宗教は、文化大革命の時期に、迷信として弾圧され、多くの寺院や施設、貴重な文化財までもが破壊された。その後、改革開放に伴い、台湾人や華僑の寄付によって復活したものもある。

春節には人もお金も動く

1月
- 1日 新年
- 旧1日 春節（旧正月）
- 連休
- 旧15日 元宵節《げんしょうせつ》

1年でもっとも消費が増えるタイミング
旧暦の1月1日（新暦の1月下旬～2月中旬ごろ）。新年を祝う中国最大の行事。家族、親族が揃って過ごすため民族大移動が。

2月
- 14日 西洋情人節（バレンタインデー）

3月
- 8日 婦女節

働く女性の休日
国際婦人デーとして女性だけが半日の休日となる。女性の自由と平等と尊厳を掲げる日でもある。

4月
- 5日前後 清明節

お盆にあたる
日本のお盆にあたる日。故郷の先祖代々のお墓参りをする。墓前で紙でつくったお金などを燃やし、あの世での幸せを願う。

5月
- 旧5日 端午節

ちまきを贈り合う
ちまきを食べてお祝いをする。春秋戦国時代の詩人・屈原《くつげん》の故事にちなんで制定された。

6月

7月
- 1日 共産党創立記念日
- 7日 情人節（七夕）

8月
- 1日 建軍節

人民解放軍の設立記念日

9月
- 旧15日 中秋節

月餅を贈り合う
庭に月餅など供え物を並べ、月を見ながら一家団欒で家族の平和や豊かな暮らしを願ってお祝いをする。

10月
- 1日 国慶節（建国記念日）
- 連休

11月

12月
- 25日 聖誕節（クリスマス）

消費者心理

面子も手伝いブランド品は強い人気

中国人といえばブランド好き、偽物のブランド品でも抵抗なく買う……。そんなイメージが強いが、単なる成金趣味として見てしまうのは早計だ。実は、彼らのブランド好きには、それなりの理由がある。本当にいいモノ、価値のあるモノを持っている、知っているというのは、人間関係を広げるうえでも役に立つ「網《あみ》面子」（左ページ参照）のひとつになるからだ。

自分の価値を正当に表す「見得きり型」のブランド好きがいる一方で、自分の価値以上に自分をよく見せようと自慢するためだけにブランド品で飾り立てる「見栄はり型」の人物もいるので注意。

いずれにしても、こうしたブランド信仰の中でも、日本製品、日本ブランドの人気や信頼度は現在も高い。

また、日本に来る中国人観光客が、海外高級ファッションブランドを数百万円単位で買って帰るケースもあるが、これも「日本で買えば偽物の心配がない」というのが大きな理由。日本という国そのものの信頼感もブランドのひとつなのかもしれない。

Column

自分の持ち物にこだわりを持つ「小私族《シャオスーズウ》」

みんなが持っているものと同じもの、みんなと同じサービスでは満足せず、自分の個性やこだわりを満足させるものにお金を惜しまないのが「小私族」。

専属トレーナーを雇ってスポーツをしたり、自宅にシェフを呼びパーティをするような富裕層は、年々増加している。

こうしたパーティに招かれたら、その人物が本物の「見得きり型」なのか、ただの「見栄はり型」なのかをよく観察して、人脈づくりに生かすことでビジネスにもプラスになる。

ブランド品は人間関係を広げる手段

人間関係を網のように広げる

○○さんと知り合いですよ

「人脈」を使って広げる

一度でも会った人間は「老朋友《ラオポンヨウ》」として人脈自慢する。個人的な質問をしてみてふたりの関係の深さをチェックしてみるようにする。

○○の技術については任せてください

「物知り」をアピールして広げる

中国では知識の豊富さや専門分野をアピールする人が多い。単に知っているだけなのか、経験豊富な本物の専門家なのか見極めたい。

これ、一流ブランドの時計なんです

「持ち物」で広げる

さりげなく身につけた高級ブランド品を見せる人もいれば、「誰にもらった、どんな価値があるものか」を自慢する人もいる。詳しく質問して本物度を探ってみよう。

○○なら、この店が一番おすすめ！

「グルメ」をアピールして広げる

食事は人間関係を深める絶好の機会だけに、グルメ情報は有効。自分の面子にかけて、おいしい店を教え合うのが中国人の特徴だ。

中国からの来客がスーツを買いに行きたいと言ってきた
何を探しているんですか？
メイドインチャイナじゃなくて日本製がほしいんだ……
ひとつひとつタグをチェックしてる……

消費者心理

日本を訪れる中国人のツボをおさえて消費をうながす

銀座や秋葉原で、両手いっぱいの買い物をして楽しそうに歩く中国人の家族連れやグループをよく見かける。彼らは、まさに日本という〝一大テーマパーク〟を観光し、たくさんのお金を使っていくお得意様だ。

特に2009年7月に中国人への個人観光ビザが解禁されてからは大幅に増加。当初、ビザ発給には、世帯年収がおよそ25万元（約325万円）以上という条件*があった。日本であれば年収1500万円以上に相当する富裕層が大勢、日本に来ていることになる。

彼らが御用達の「銀聯《ぎんれん》カード」を使い、気持ちよく買い物してもらうためには受け身ではダメ。中国人の価値観にあわせて「特別扱い」していると感じてもらうようにするのだ。日本人の感覚では考えられない額の買い物をしてくれる。

個人的に値引きをする、オマケをつけるなどのサービスを個別に伝えると、彼らの面子が高まり「いいお店だ」という評価にもつながっていく。

Column

中国人のツアーには自由時間がない⁉

個人の観光客に比べ、中国人の団体ツアーには、まだまだいろんな制約が課せられている。日本に入国した後に、どこかに消えてしまう「失踪者問題」があるからだ。

そのため団体ツアーには日中、ふたりの添乗員が義務付けられ、バスを乗り降りするたびに点呼がおこなわれる。夜の自由行動も原則禁止。また、失踪を防止するために、団体ツアー参加には5～10万元という日本円で100万円近い保証金が必要など、まだまだ自由旅行には程遠いのが現実だ。

＊現在のビザ発給要件は緩和され、2011年９月からは「一定の経済力を有する者」となっている

中国人の強い味方、銀聯カード

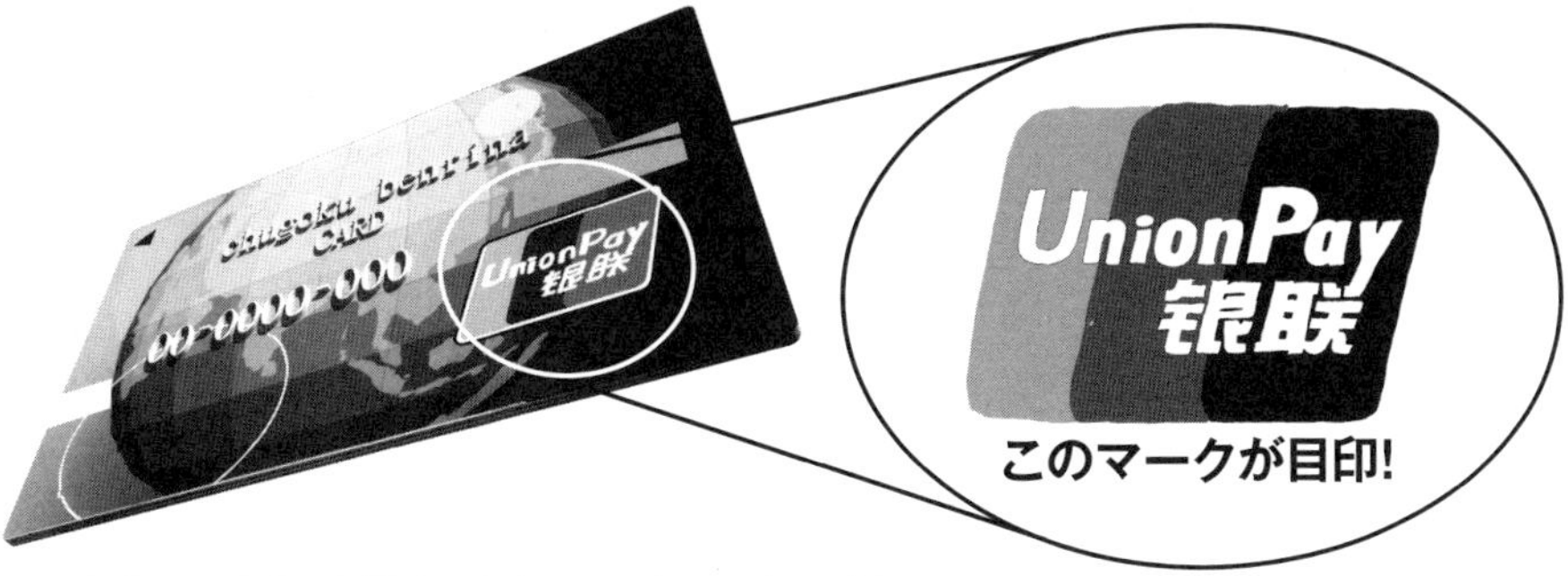
UnionPay
银联
00-0000-000
UnionPay
银联
このマークが目印!

預金額の分だけ使えるキャッシュカード

通貨の持ち出しに厳しい制限がある中国で、買い物好きな中国人の強い味方が「銀聯カード」。預金残高の範囲内で制限なく使えるデビットカードだ。

中国人観光客を満足させるコツ

コツ①

値引きを迫られたら「私がなんとかします」

「決まりなので」「ルールですから」という対応は禁句！　中国人には通用しない。「私がなんとかします」と言って要求を聞き、「交渉相手になってくれる」と思わせることが大事。

コツ②

「あなただけ特別扱い」

「私の権限で、あなただけにこうします」と、個人対個人のやりとりに持ち込むのが決め手。「例外は認められません」と言い切ってしまうのはNGだ。

コツ③

「オマケつき」で特別感を

自分の権限でできる範囲の値引きの額や提供できるオマケなど、自分の判断でどれだけのことならできるのか提示する。つまらないものでもオマケをあげて、特別感を演出する。

NG
会社の規則で割引はできません
迫力
すみません僕の責任です
でもこれをオマケしますよ
OK

消費者心理

80《バーリン》后《ホウ》、90《ジューリン》后《ホウ》……生まれた時代背景が異なれば求めるものも違う

建国以来、さまざまな政治的な出来事による環境変化があった中国では、世代によって、価値観や消費生活がまったく異なる。なかでも、現在とこれからの中国市場での主役となるのが、1980年代生まれの80后、90年代生まれの90后と呼ばれる世代だ。「80后」は改革開放後に生まれた一人っ子政策の第一世代。大学進学が当たり前になり、留学経験者も多い。「90后」は、一人っ子政策の第二世代で携帯電話やインターネットがある中で育ち、自己主張が強い。

80后、90后どちらも文化大革命や天安門事件などの混乱も知らず、経済成長の中で育ち、自分を満足させるために新しいものを積極的に取り入れる。消費することが楽しみで、なかには、貯金はせず、毎月の給料を使い切る「月光族《ユエグォンズウ》」と呼ばれる若者たちもいる。

衣食住の心配がない安定した時代に生きる80后、90后世代は、インターネットで多くの情報に接し、他人と差をつけることに敏感。そうした特性を理解したマーケティングが重要になる。

Column

結婚の三条件は仕事、マイホーム、マイカー

周囲からとても仲のよいカップルと思われていたのに、結婚直前に破局!? 上海を中心とした沿岸部の都市では、そんなケースが少なくない。

そのわけは、女性が結婚条件として男性に「マイホーム」を用意することを求めるためだ。住宅不足という理由もあるが、本音は「条件のいい男性と結婚して豊かな人生を送りたい」というもの。農村部出身の女性は、都市で就職か結婚しないと戸籍制度上、都市に残れない。農村では豊かになれないという切実な思いも見え隠れしている。

政治の混乱を知らず、経済成長の中で育った

80后 <1980年代生まれ>

「小皇帝」として育てられた
一人っ子政策の第一世代として、改革開放後の安定した中国で、両親や祖父母の過保護ともいえる愛情を受けて育った。

新しいもの好き
経済発展を実感しながら育ったため、新しいものを追いかけ、自分のライフスタイルに積極的に取り入れることが多い。

国際感覚が強い
教育レベルが高く、世界から情報やモノが入ってくるグローバルな環境の中で育ったため国際的な視野を持っている。

90后 <1990年代生まれ>

インターネットを小さいころから使いこなす
子ども時代から携帯電話、インターネット、デジタル家電が使える生活を送り、情報に対する感覚が鋭くネットでの情報発信も頻繁。

モラル感覚が強い
ネットでの情報発信でも、愛国心のある発言をしたり、モラルを大切に考える行動をするべきと考える層が多いのも特徴的だ。

80后よりも大切に育てられた
両親も経済成長で余裕があり、80后世代よりも、さらに恵まれた環境で育ったため、自己主張が強く自由な価値観を持っている。

インターネット

インターネットの通信販売にチャンスが潜む

中国のネット人口は２０１１年７月現在で４億８５００万人を超え、３人に１人がインターネットを利用するネット大国だ。また、携帯電話からの利用者が多いのも特徴。日本のような固定電話のインフラが遅れた代わりに、農村部にまで携帯電話が普及。最新技術を安く使える後発性のメリットを活用しているといえるだろう。

もともと買い物好きな国民性を反映して、ネット通販市場も拡大している。中国では銀行口座からの自動引き落としやクレジットカード決済のしくみが普及していないため、ネット通販業者が決済の仲介をする、独自のネット決済のしくみが整備されたことで、一気に利用者が拡大した。ネット利用者の３割、１億４０００万人以上がネット通販を利用していることから、ソフトバンクや楽天などの日本企業も中国企業と提携しながらネット通販に参入。ただし、購入したい商品の仕様や価格をチャットを使って販売者に確認しながら交渉するといった中国独特の〝買い物〟のしかたに対応する必要があるなど、日本式のビジネスがそのまま通用するわけではない。

Column

政府によるウェブサイトの検閲がおこなわれる

中国では事実上、インターネットでも政府当局による情報統制と監視がおこなわれている。風紀を乱す違法な広告や有害サイトなどの摘発はもちろん、政府や中国共産党への非難や言論の自由、民主化運動に関係する内容はサイトだけでなく、インスタントメッセージやメールに書かれたものでも監視されているのが実情。

また、未成年者のオンラインゲームやチャットなどのネット依存症も問題となっており、社会復帰のための治療・訓練センターまで設けられている。

利用者のスケールに注目

インターネット人口 約4億8500万人	チャット利用者数 約1億9500万人
eコマース売上 約68億4000万元	ブロードバンド人口 約3億8977万人
携帯電話契約者 約9億人	オンラインゲーム人口 約3億1100万人

（「中國互聯網絡信息中心」「中国电子商务研究中心」より）

ネットは生活に深く根付いている

インターネットテレビ
インターネットテレビのチャンネル数は日本を大きく上回るが、映画などの著作権処理が正しくおこなわれているかなど課題もある。

インターネットでの買い物
中国人の志向にあわせて、7日間返品可能、修理保証などを打ち出したことで、ネットショッピングサイトの信頼性が上がった。

ミニブログ
2億人以上のユーザーが利用する中国版ツイッター「微博《ウェイボー》」。大きな事件、事故の際には、当局やメディアを動かすほどの影響力を持つ。

チャット
ネット利用者の2人に1人が利用しているのが「QQ」と呼ばれるインスタントメッセンジャー。チャット好きの若者に大人気。

Column

中国の労働組合は日本と異なる

中国の労働組合は、日本のように「労使関係」で対立する存在ではない。中国では労働組合は「工《こう》会《かい》」と呼ばれ、共産党の指導を受けることが基本となっている。そのため、企業内に共産党支部がない外資系企業では工会の組織率は高くないが、労使問題が起こったときには解決のパートナーとなる存在でもあるため重要度は高い。

社長も組合員

総経理（社長）も共産党の指導を受ける立場で、労働者と共に会社の利益を守り福利厚生を受ける権利があるため、「工会」に加入することができる。

労使の調停よりも福利厚生機関!?

従業員と共に文化・スポーツ活動や親睦旅行をおこなうのも「工会」の役割。報奨金基金をつくって、こうした活動をおこなう〝社内クラブ〟でもある。

共産党と組合の不思議な関係

日本の組合費に相当するようなものを、給料の数パーセント共産党に納めることで、労使問題などが起こったときに共産党の実力者が調停をおこなってくれることも。

日本の労働組合とは
根本的に違うと
思ったほうが
よさそうだなぁ……

Part4

グローバル経済の主役に躍り出た世界第2位の経済大国

政治・経済の動きを知ればビジネスチャンスが見えてくる

新聞を開けば、必ずといっていいほど
中国に関する記事が目に入る。
急成長をとげた中国は
世界中の関心を集めている。
知っているようで知らない
中国の「今」を見てみよう。

共産党

すべての権限をにぎる。「共産党ありき」で国が動いている

経済発展が進む中国。世界第2位の経済大国となったことで、先進国の仲間入りをしたかに見えるが、国としてのしくみや政治体制は先進国とは大きく異なる。

最大の特徴は、中国共産党による「一党独裁」が続いていることだ。近代国家では国の権力を「行政権、立法権、司法権」の3つに分け、それぞれ独立した機関として相互に監視することで権力の集中と独裁を防いでいる。

ところが中国の場合、それらの機関もすべて中国共産党の指導下にあり、国のすべての権限をひとつの党がにぎっているのだ。

なぜ、このような体制が生まれたのか。毛沢東らによって1921年に結成された中国共産党は、中国国民党と戦い、勝利の末、1949年中華人民共和国を建国。それ以来、国をつくった共産党が国の指導者としてトップに立っている。最高指導者は「国家主席」。その下に日本の内閣にあたる「国務院」などがあり、国務院のトップが「国務院総理（首相）」だ。

Column

「事実上の一党独裁」とは、どういう意味？

ニュースなどで「中国共産党による事実上の一党独裁」という表現をよく見聞きする。なぜ、わざわざ「事実上」と断りを入れるのか。

実は、中国には、その他にも中国民主同盟など、衛星政党と呼ばれる8つほどの政党が存在する。しかしそれらの党は共産党の指導のもとに存在するいわば〝子会社〟のようなもの。日本のような与党と野党の関係ではない。

そうした理由から中国では、共産党が「事実上」の独裁政党と呼ばれるのである。

共産党が国を「指導」する立場

国内の共産党員は8000万人

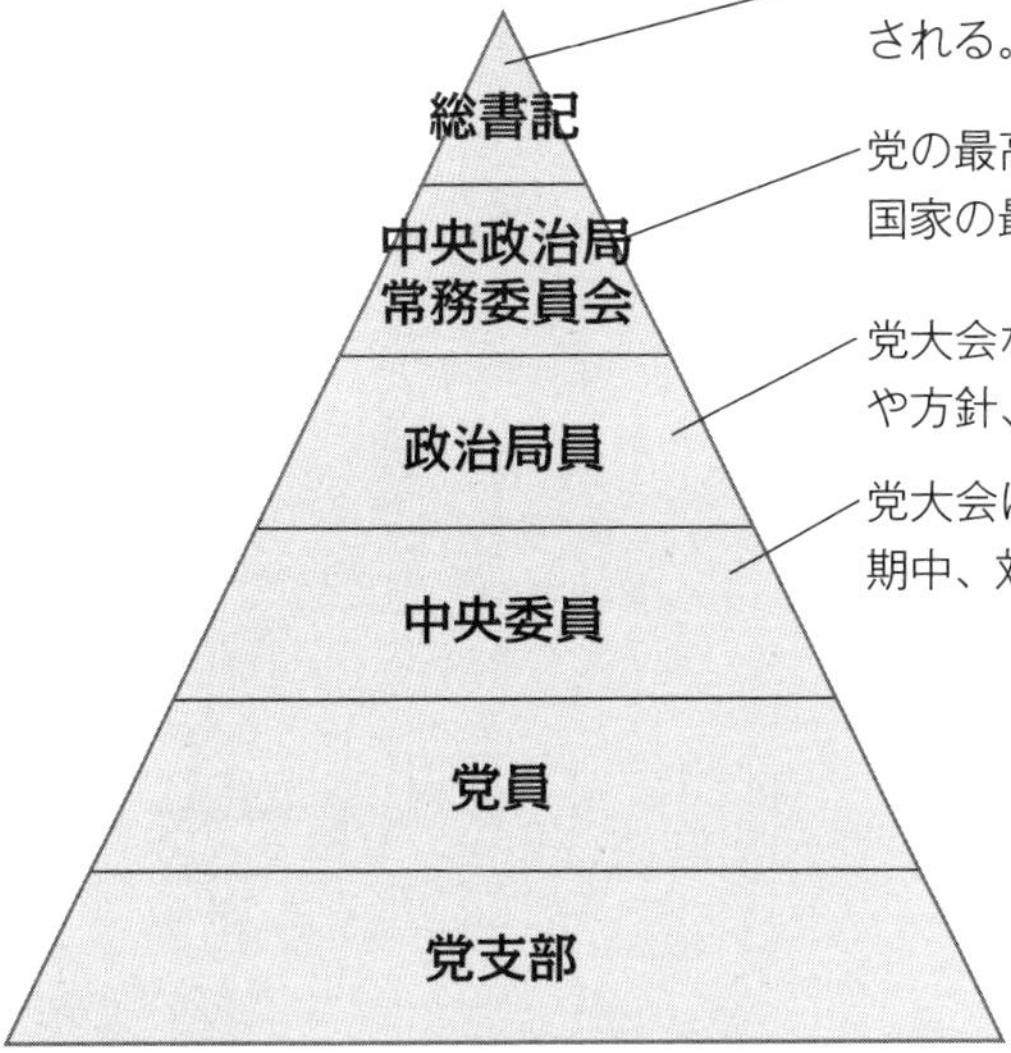
総書記
中央政治局
常務委員会
政治局員
中央委員
党員
党支部
中央委員会全体会議によって選出される。党と国家の最高指導者。
党の最高意思決定機関。事実上の国家の最高指導部。
党大会などで採択された党の路線や方針、政策を執行する。
党大会によって選出され5年の任期中、対外的に党を代表する。

約8000万人を擁する世界最大の政党である共産党。13億人の人口からすると6 パーセントほどの人数だが、あらゆる組織を牛耳る権力を持つ政党である。

はりめぐらされる共産党のネットワーク

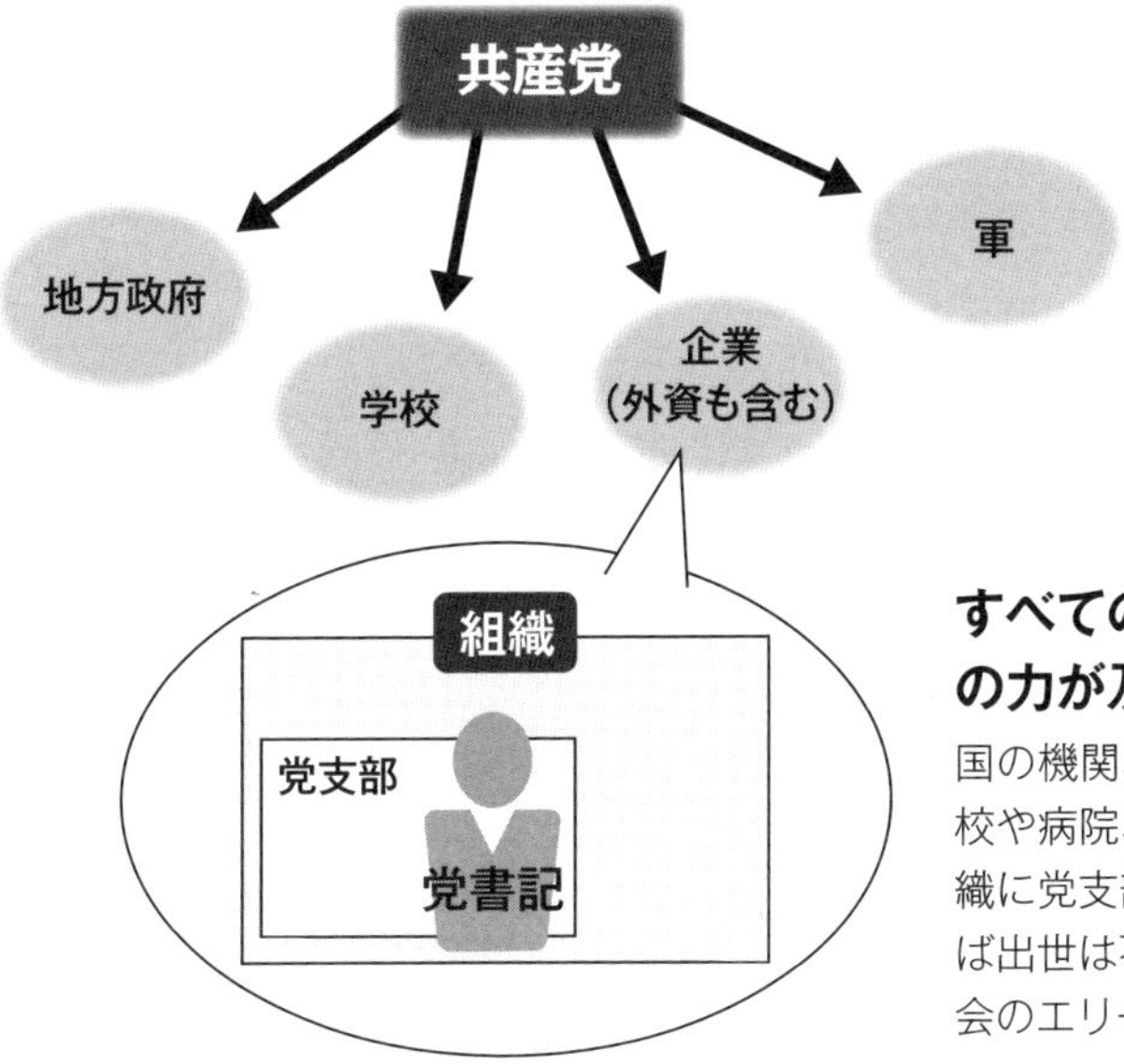
共産党
地方政府
学校
企業
(外資も含む)
軍
組織
党支部
党書記

すべての組織に共産党の力が及んでいる

国の機関、全国の行政組織、軍、学校や病院、国営企業などあらゆる組織に党支部がおかれ、党員でなければ出世は不可能。共産党員は中国社会のエリート。

政治のしくみ

人事権は共産党がにぎる。三権分立は確立されていない

共産党が「国」を支配する中国では、政府や政治のしくみも、すべて共産党主導のもとにある。中国における最高の意思決定機関は「中国共産党全国代表大会（党大会）」と「全国人民代表大会（全人《ぜんじん》代《だい》）」のふたつ。

そのなかで日本の国会にあたるのが「全国人民代表大会」である。憲法上は国家の最高権力と定められているが、同じく憲法には「中国共産党が国を指導する」と規定されているので、全人代といえども共産党の意向に沿わない決議はできない。

全人代によって国家元首にあたる「国家主席」、党のトップである総書記、内閣総理大臣に相当する国務院総理、最高裁長官に相当する最高人民法院長、検事総長に相当する最高人民検察院長、軍の最高指導者である中央軍事委員会主席が選出される。なかでも中央軍事委員会主席の影響力は強い。このように、日本と同様の権力機関が存在するが、すべての頂点に立つのが共産党で、その指導下にあるため三権分立となっていないのだ。

Column

共産党員になるのは非常に難しい

国を事実上支配する中国共産党の党員は、中国ではエリート。

政府機関で働くためには党員であることが絶対条件となる。しかし、誰もが党員になれるというわけではない。

現在、党の中核となるエリートを養成しているのが「中国共産主義青年団（共青団）」。

現在の胡錦濤《こきんとう》総書記も共青団でトップを務めていた。

他にもスポーツ界のエリートを体育専門学校で育成し、共産党員として送り出すことなどもおこなわれている。

国家主席が大きな権力を持っている

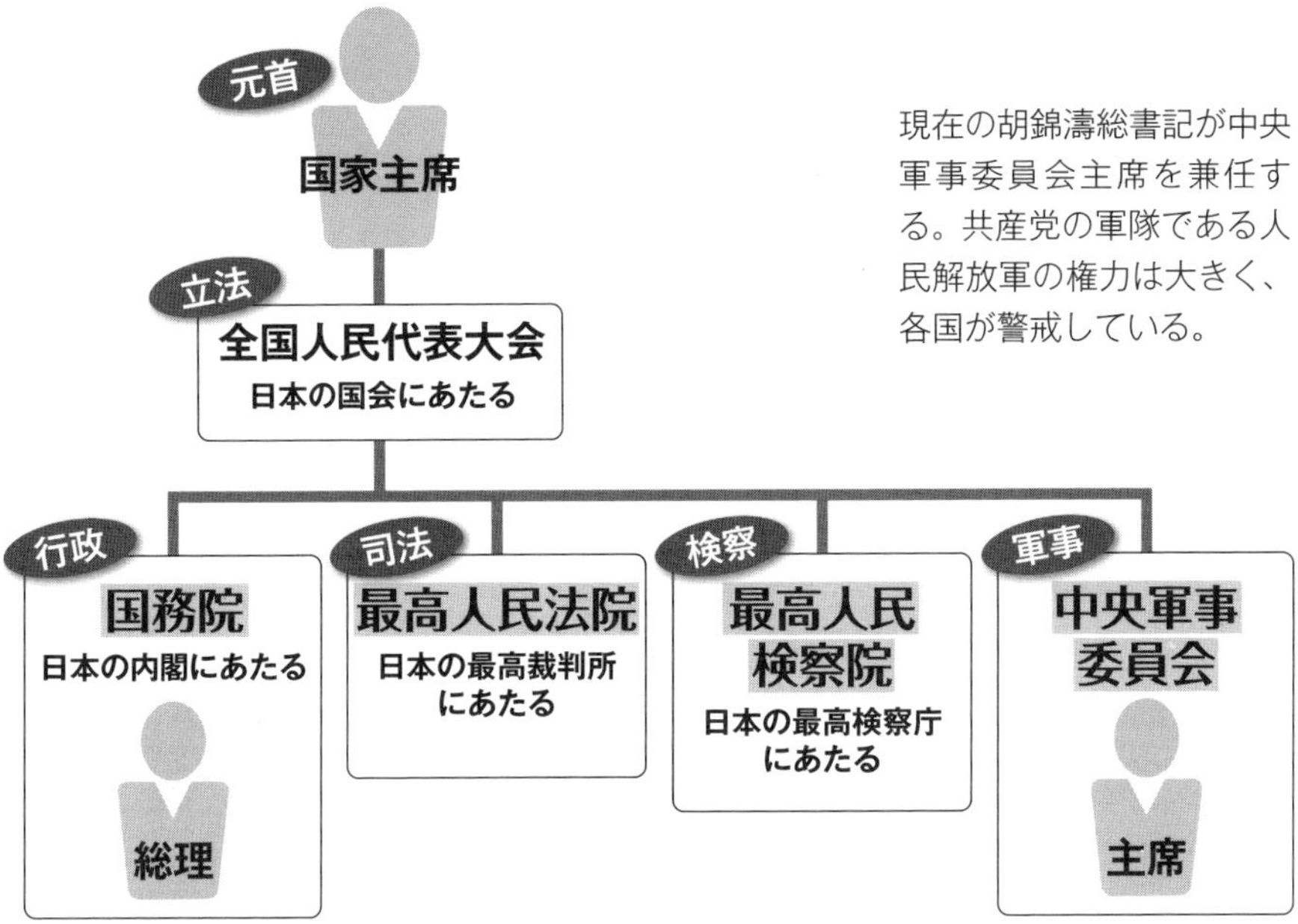

元首
国家主席
立法
全国人民代表大会
日本の国会にあたる
行政
国務院
日本の内閣にあたる
総理
司法
最高人民法院
日本の最高裁判所にあたる
検察
最高人民検察院
日本の最高検察庁にあたる
軍事
中央軍事委員会
主席

現在の胡錦濤総書記が中央軍事委員会主席を兼任する。共産党の軍隊である人民解放軍の権力は大きく、各国が警戒している。

日本では……

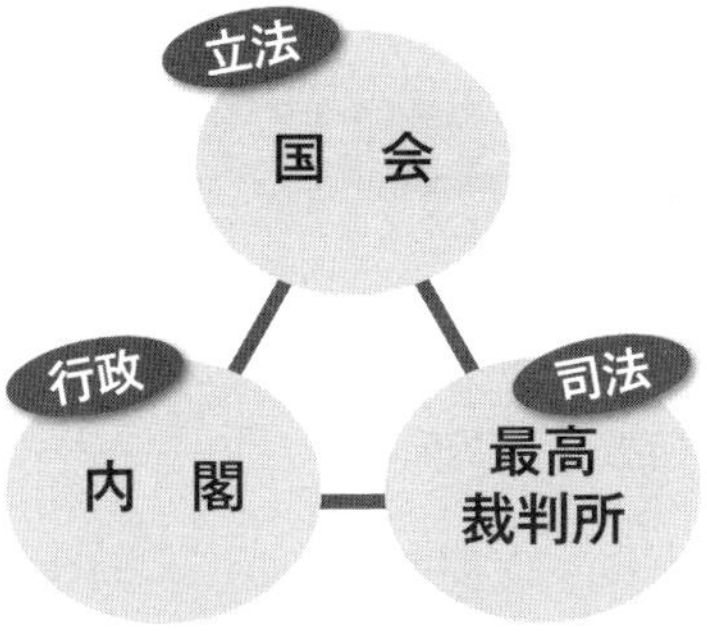

立法
国 会
行政
内 閣
司法
最高裁判所

行政権は内閣、立法権は国会、司法権は裁判所が持ち、それぞれ三権が独立した機関として相互に監視することで権力の集中と独裁を防いでいる。

国務院

中国の中央行政府で日本の内閣にあたる。国務院には日本の「省」にあたる「部」がおかれ、部長は日本の大臣または長官に相当する。

最高人民法院

国家の重大事件を審理する日本の最高裁にあたる、中国の最高司法機関。その下には、各級の人民法院が存在する（P.111）。

最高人民検察院

法に基づき犯罪を審査し、起訴する法律監督機関。最高人民検察院は日本の最高検察庁に相当する。下部には各級人民検察院がある。

中央軍事委員会

党中央軍事委員会と国家中央軍事委員会のふたつを有する人民解放軍の最高統帥機関。軍は党の軍隊であり国家の軍隊でもある。

政治とビジネス

政治は社会主義だがビジネスは自由経済

共産党が政治を支配する中国。当然ながら、かつては共産主義に基づいて国がすべての生産手段を管理し「計画経済」によって、労働に応じた所得の分配をおこなっていた。しかし、市場競争がなかったため、生産性も悪く、グローバル化する世界経済から大きく遅れをとっていた。

そこで、改革開放の流れに沿って、1992年から「社会主義市場経済」を導入することを正式に決定したのである。

え、社会主義国なのに経済は自由主義？　と、一見、矛盾しているようだが「政治は政治、経済は経済」という、極めて中国らしい〝現実主義〟が見てとれる。これによって、労働者に経営自主権を与える「生産請負制」や国営企業から所有権を分離させる「国有企業民営化」などが実現。WTO加盟（P.116）によって、世界の工場としての貿易も急拡大し、通信や金融、サービス分野の市場開放も期待され、自由主義経済への道を進んでいる。地域による経済格差もあるが、内需拡大などで格差も克服されつつある。

Column

社会主義と共産主義は同じもの？

マルクス主義による共産主義では、私有財産は資本家の搾取であるとして認めないのが基本。現在の中国は、社会主義体制のもと一定の私有財産を認めつつ、国が市場経済を管理することで、経済発展をおこないながら経済的な平等を実現させようとしている。

共産主義
私有財産を **全面廃止**

社会主義
私有財産を **制限**

政治と経済でふたつの顔を持つ中国

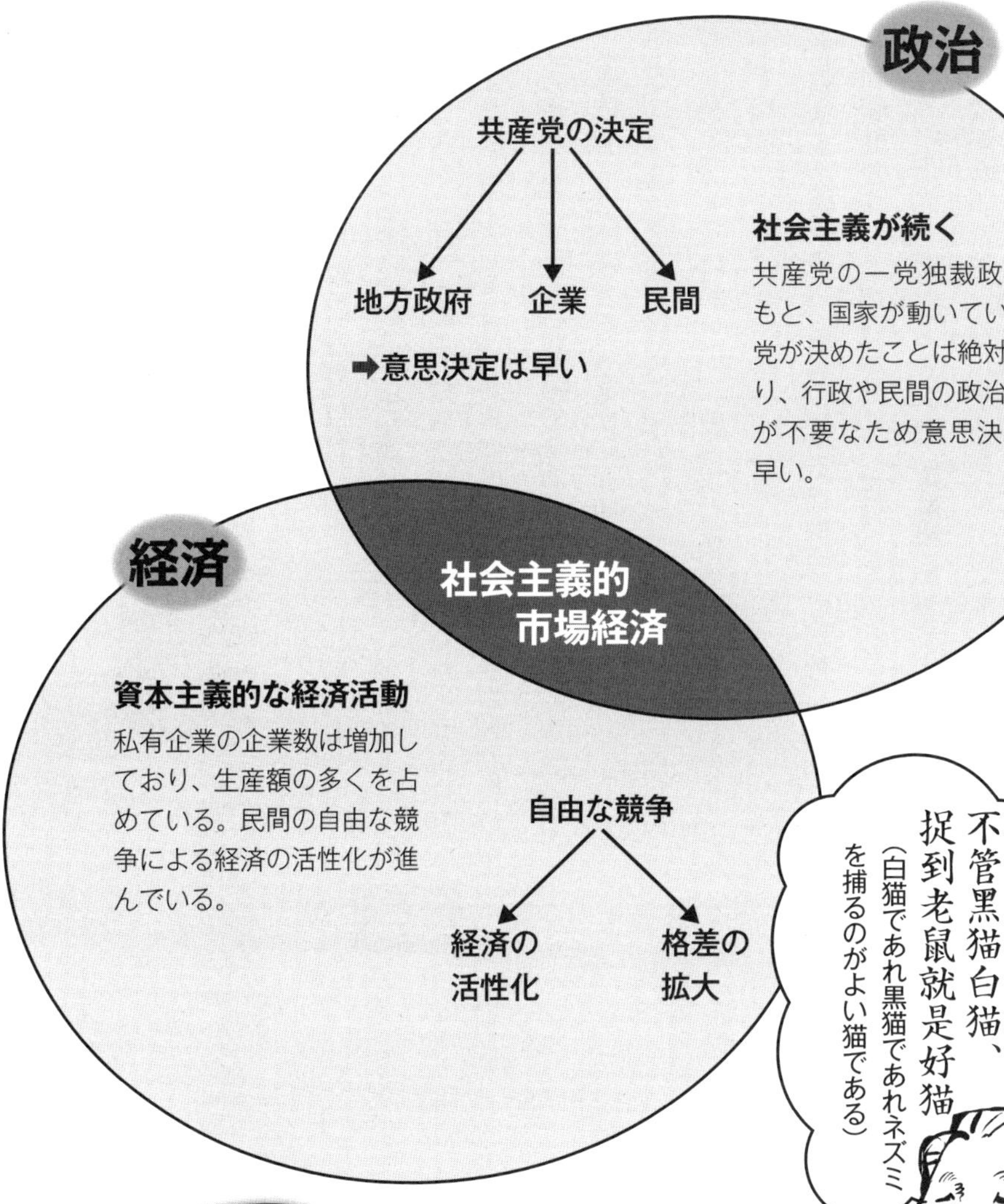
政治
共産党の決定
地方政府
企業
民間
➡意思決定は早い
社会主義が続く
共産党の一党独裁政治のもと、国家が動いている。党が決めたことは絶対であり、行政や民間の政治調整が不要なため意思決定が早い。
経済
社会主義的市場経済
資本主義的な経済活動
私有企業の企業数は増加しており、生産額の多くを占めている。民間の自由な競争による経済の活性化が進んでいる。
自由な競争
経済の活性化
格差の拡大

不管黒猫白猫、
捉到老鼠就是好猫
（白猫であれ黒猫であれネズミ
を捕るのがよい猫である）
鄧《とう》小《しょう》平《へい》

改革開放政策
P.166

「市場経済にも計画が、社会主義にも市場がある」として、社会主義でも市場経済を導入し、経済発展を進めることを強く訴えた。

国務院

内閣（国務院）の中で「商務部」がビジネスを統括する

中国の行政機関の最高部、日本の内閣にあたるのが「国務院」だ。トップには、日本の首相にあたる「国務院総理」がいて、その下は、日本の省庁にあたる「部」などで構成されている。共産主義のもと計画経済を管理し実行するため、1980年ごろは省庁にあたる部や委員会などの中央官庁の数は100も存在。日本以上の縦割り行政が、許認可を遅らせるなど経済発展の障害になっていた。

そこで、中国でも市場経済推進のため思い切った行政改革を実行。1998年の全人代において、国務院に属する部・委員会を一気に29にまで統廃合した。

特に経済機構の分野では、急成長する経済にあわせた改革が進行。対外経済貿易合作部と国内貿易部が合併して「商務部」になるなど、国内外の経済を一括して見られる組織体制が生まれている。

中国ビジネスにおいては、こうした省庁との接触も重要なため、自分のビジネスが、中国の行政のどこに接点があるかを把握しておくことが大切になってくる。

Column

統計などの情報はすべて国家が管理する

情報に関しても厳しい管理がおこなわれている中国では、国務院直属機関としてシンクタンクや統計局がおかれている。

日本では、政治・経済などの政策提言、調査研究は民間のシンクタンクや研究所がおこなうが、中国では政府の管理下でおこなう。

そのためのデータは「国家統計局」が提供し、分析提言はアジアトップクラスの実力を持ち世界80ヵ国の研究機関とも連携する「中国社会科学院」がおこなう。

「部・委員会」が日本の各省庁にあたる

国務院

- **部・委員会機構** 各省庁にあたる
- **直属特別機構** 国有企業の管理監督
- **直属機構** 各部・委員会で処理しきれない案件を扱う
- **弁事機構** 政策研究、調査業務をおこなう
- **直属事業単位** 国家直属の事業

新華社通信、国家気象局など

部・委員会機構
- **外交部**（外務省に相当）
- **国防部**（国防省に相当）
- **国家発展・改革委員会**
- **教育部**（文科省に相当）
- **科学技術部**（文科省に相当）
- **公安部**（警察）
- **民政部**（厚労省に相当）
- **衛生部**（厚労省に相当）
- **司法部**（法務省に相当）
- **鉄道部**（国交省に相当）
- **水利部**（国交省に相当）
- **農業部**（農水省に相当）
- **商務部**（経産省に相当）
- **財政部**（財務省に相当）
- **中国人民銀行**（日銀に相当）

など

知っておきたい部・委員会

どの地域に力を入れるかなどを決める（国家発展・改革委員会）

経済政策や社会発展政策の立案を担当。どの地区を開発し発展させるかなどを決定し、経済政策を操ることから小国務院とも呼ばれる重要な委員会。

ビジネス全般を統括する（商務部）

重要な政策は閣議（常務会議）で決定される

党中央委員会総会で決議される重要事項を決定する。共産党を率いる実力者が属するのが中央政治局常務委員。中国を率いるニューリーダーが揃う。

常務会議の構成

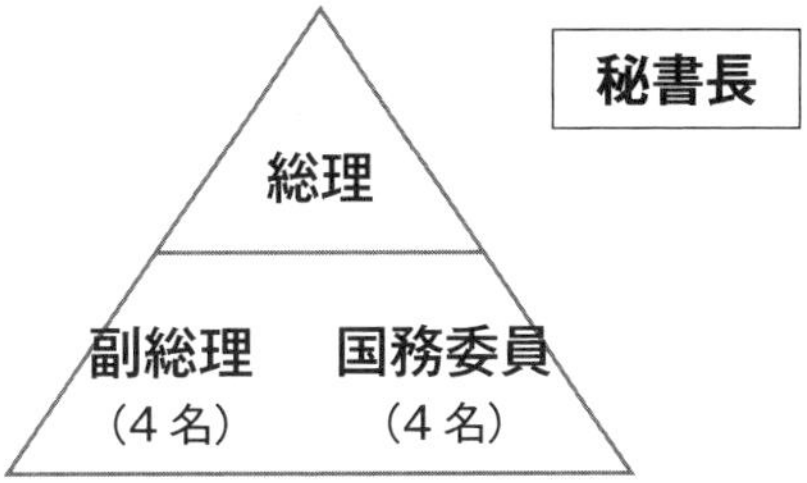

司　法

変化は進化？ 法律は変化のスピードが速く、地域差も大きい

中国は法律があっても、あまり守られていない国——。そんなイメージを持つ人も多いが、半分は正解で半分は間違いである。改革開放、市場経済導入で近代化を進めるなか、国際条約への加盟など司法制度や法体系も改革が進んでいる。

かつては「法治国家ではなく人治国家」と呼ばれ、法律ではなく共産党の人間が、ものごとの良い悪いをすべて決めていた。現在は、日本の民事事件のような市民間の争いは、党ではなく人民調停委員会で処理される。しかし、三権分立が確立されておらず、党の政治的判断で裁判が左右されることも少なくない。なかには「見せしめ」として、審議がないまま即実刑判決が出ることもある。一般市民レベルでは「法は守るものではなく、抜け穴を探すもの」という意識も強く、いたちごっこのように朝令暮改で法が変わることも……。

また、中国では地方政府（地方自治体）によって法律に地域差がある。「知らなかった」ということで法律違反として摘発されることもある。外国人の違反には特に厳格なので注意が必要だ。

Column

死刑執行数が多く、公開処刑もおこなわれていた

国際的な人権団体の調査によると、中国の死刑執行数は世界で執行される死刑の9割以上にのぼる。正確な数は国家機密のため公表されていない。

また、中国では最近まで「見せしめ」のための銃殺による公開処刑が競技場などでおこなわれてきたが、北京五輪を前に国際的な世論の批判を受け、2007年以降は公開処刑はおこなわれていない。

汚職などの犯罪の取り締まりが強化され、収賄などをおこなった政府関係者には死刑判決が即決されることも。

「法治国家」ではなく「人治国家」と呼ばれていた

法律
共産党

悪いことをすれば法律にのっとって罰せられる

日本国民であれば国の権力者といえども、法に違反すれば平等に法律にのっとって審判される。すべての権力が法によって縛られている。

共産党が良いか悪いかを判断していた

法制度や法体系は一応整えられているが、実際には「党の意向」や「政治的理由」で例外も多い。法よりも共産党が力を持つ。

検察機関はあるが不正も多い

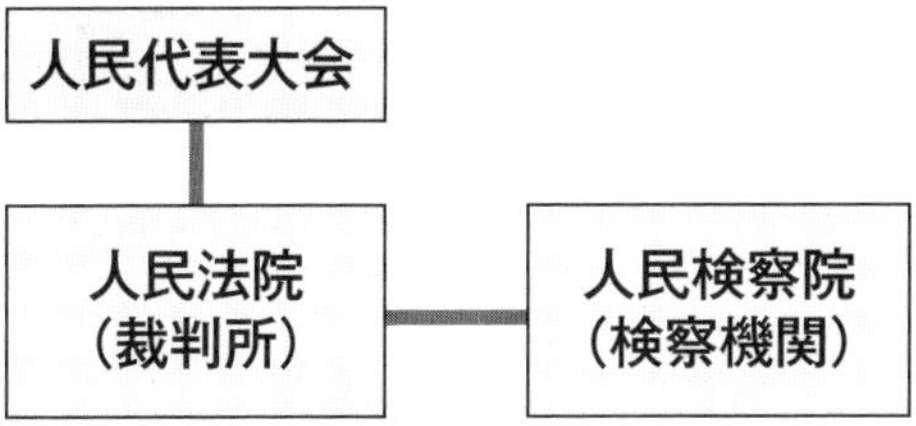
人民代表大会
人民法院
（裁判所）
人民検察院
（検察機関）

中央、地方、県級の各レベルごとに検察がある。最近は党や行政の汚職、腐敗の摘発に力を入れているが国民の不信感も強い。

裁判は2審まで。判決が即決することも

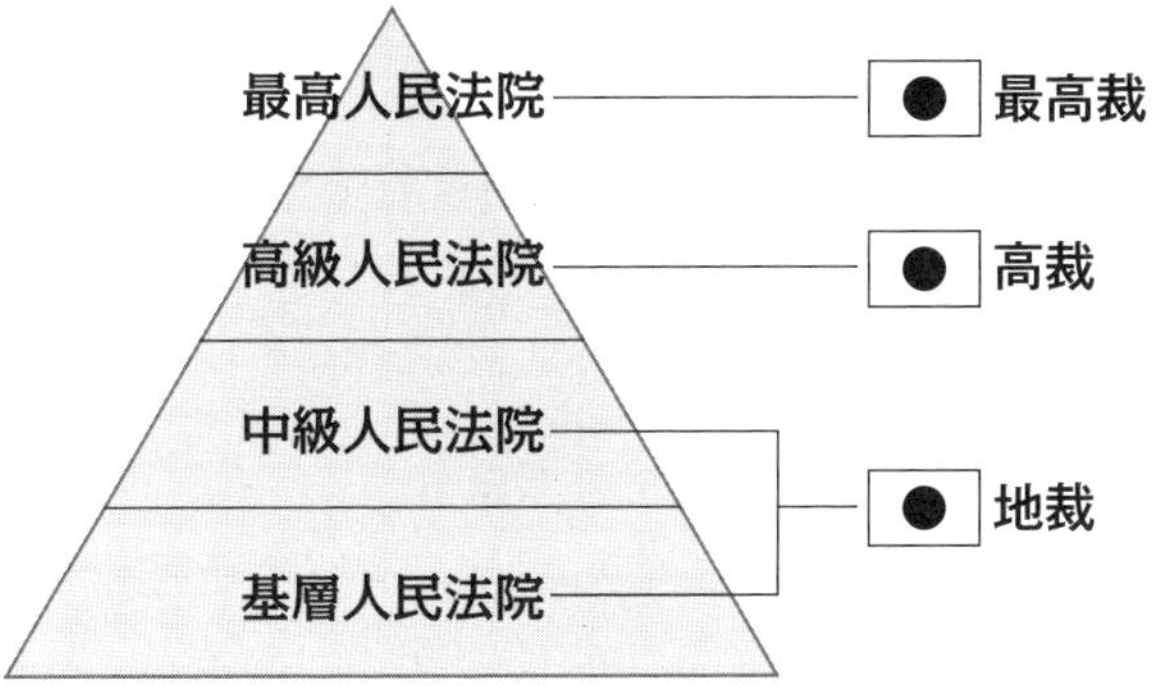
最高人民法院
高級人民法院
中級人民法院
基層人民法院
最高裁
高裁
地裁

事件のレベルによって扱われる法院が異なる。2審制で上告も可能だが、判決がくつがえることはほとんどない。政治的判断で審議なしの即決がおこなわれることもある。

中央と地方

地方政府によって財務状態には差がある

広大な中国では、地方政府の持つ権限や役割も大きい。たとえば、省都がおかれている地方都市や、武漢《ぶかん》、大連《だいれん》、天津《てんしん》、蘇州《そしゅう》などの一級行政区に次ぐ地方の重要都市では、中央政府の政策とは異なる、より地域性を重視した経済運営をおこなっているところが多い。進出先の地方政府の動向については、常に情報収集をしておきたい。地方政府とのパイプをつくっておくことは中国ビジネスにとって、とても重要なポイントだ（P.129）。

計画経済時代は、国営企業が国にすべて利潤を上納し、国から資金や原材料が配分されていた。改革開放後は、企業の効率化と競争を考え、利潤の中から税金を国に納める「利改税《りかいぜい》」をおこなったり、国税と地方税に税を分けて、国税を中央政府が直接徴収する「分税制」などを導入し財源を強化。発展が見込める外資の誘致地域などに補助金を交付するなどして、経済全体の活性化を進めている。

一方で、投資が進んだ沿海部と内陸部などの経済格差は拡大。慢性的な財政赤字の地方政府も少なくない。

Column

不動産バブルがはじけると地方政府がピンチに!?

社会主義の中国では土地の所有権は国にあり、国民は「土地使用権」を売買する。地方政府は政府系の投資会社に使用権を売ってマンション開発をおこない利益を得ているが、販売不振で一部は不良債権化。中国版不動産バブル崩壊が心配されている。

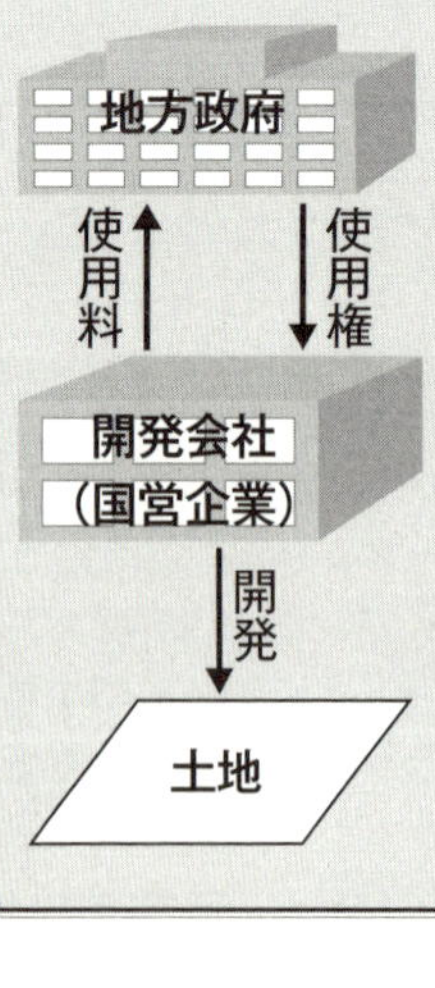

「外資の進出」は地方政府発展の鍵をにぎる

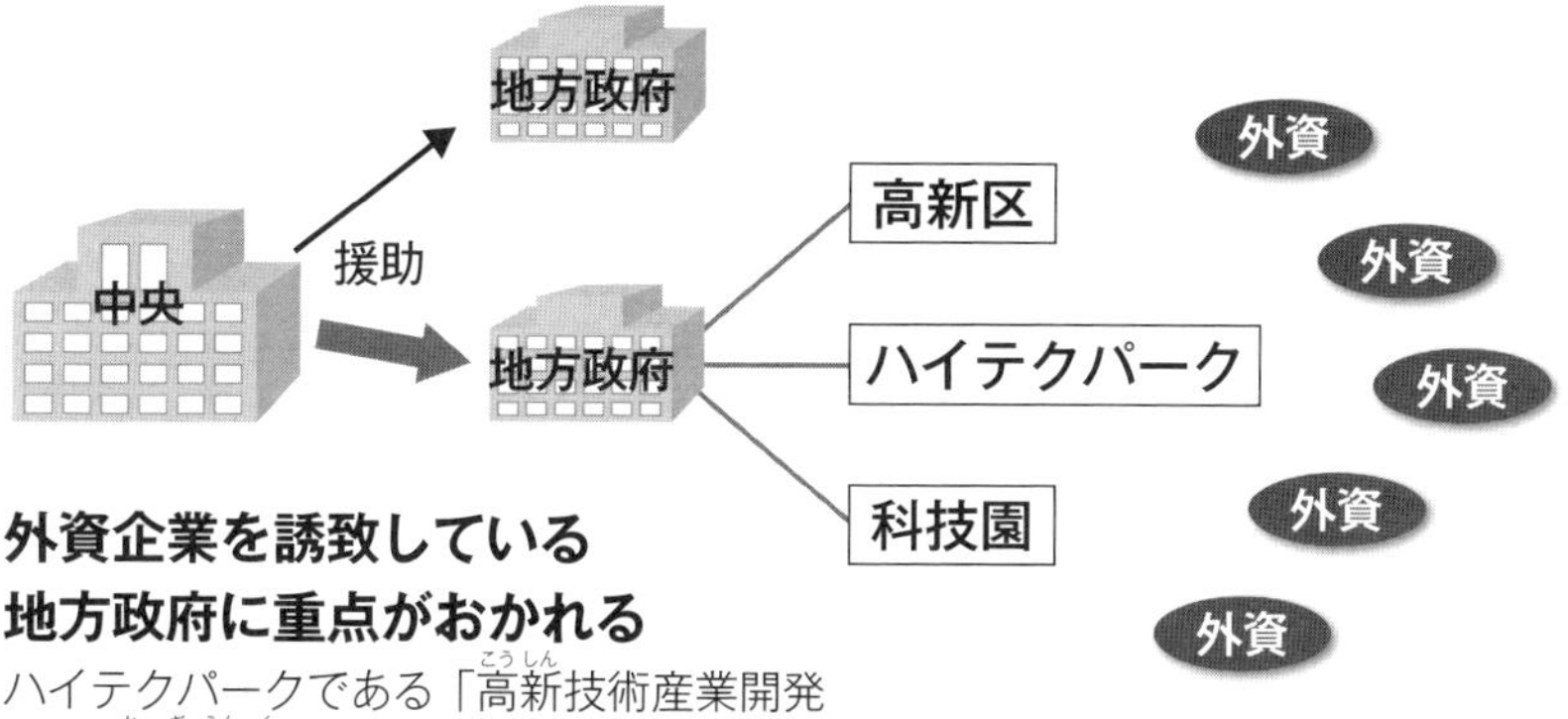
地方政府
援助
中央
地方政府
高新区
ハイテクパーク
科技園
外資
外資
外資
外資
外資

外資企業を誘致している
地方政府に重点がおかれる

ハイテクパークである「高新《こうしん》技術産業開発区」「科技園区《かぎえんく》」などに海外資本を呼び寄せ、進出した企業に対して営業税を免除するなどの特典を与えている。

外資の誘致に躍起になる地方政府だが……

担当者個人の意思による優遇には注意

地方政府の担当者が個人の判断で優遇をしている場合、担当者が替わると突然優遇措置が打ち切られることもある。

本当に優遇がある？

免税と聞いて飛びつくのは禁物。制度としての優遇措置ではなく、地方政府の担当者が勝手に予算支出してくれているケースもあるので注意が必要。

甘い言葉に簡単に乗らず慎重に！

大切なのは進出前より進出後のフォロー

進出前にどんな優遇が受けられるかということよりも、進出後にどんなフォローをしてくれるかという点に重点をおいて判断したい。

国防

軍隊の強化に世界中からの警戒が強まる

中国の軍隊の正式名は「中国人民解放軍」。総兵力225万人規模の世界最大の軍隊だ。誕生は1927年。江西省南昌《こうせいしょうなんしょう》で武装蜂起したのがルーツであり、人民を圧政から解放する共産党の軍隊として位置づけられてきたのである。

現在は政府の国家中央軍事委員会と、党の中国共産党中央軍事委員会のふたつの支配下にあるが、委員会のメンバーは同じで、双方の主席も胡錦濤《こきんとう》総書記が兼任しているため、国家の軍は事実上、「共産党の軍隊」ということになる。

公表されている軍事費は20年以上にわたり連続して2桁の伸び率を記録し、アメリカに次ぐ軍事大国でもある。しかし、物価の違いを考慮し、さらに名目上軍事費以外に振り分けられているものもプラスすると、軍事費の実態はさらに数倍大きいと見られる。

また、軍の装備のハイテク化や空母建造も急ピッチで進められており、人民解放軍が三権分立ではない一党独裁支配下の軍隊であることから、世界中がその脅威を警戒している。

Column

国力を示すための宇宙開発に余念がない

2003年、中国はロシア、アメリカに次いで世界で3番目に有人宇宙船「神舟《しんしゅう》5号」の打ち上げに成功。

また、人工衛星打ち上げ技術にも自信を持ち、低コストでの打ち上げを〝武器〟に各国で宇宙衛星ビジネスを展開し、宇宙先進国アメリカを抜こうとしている。

さらに、地球の誕生から未来にわたる、さまざまな謎の解明につながる火星探査も計画中。2013年、独自の火星探査機の打ち上げに向けて準備するなど、宇宙開発も加速している。

事実上は共産党が所有している

軍の組織

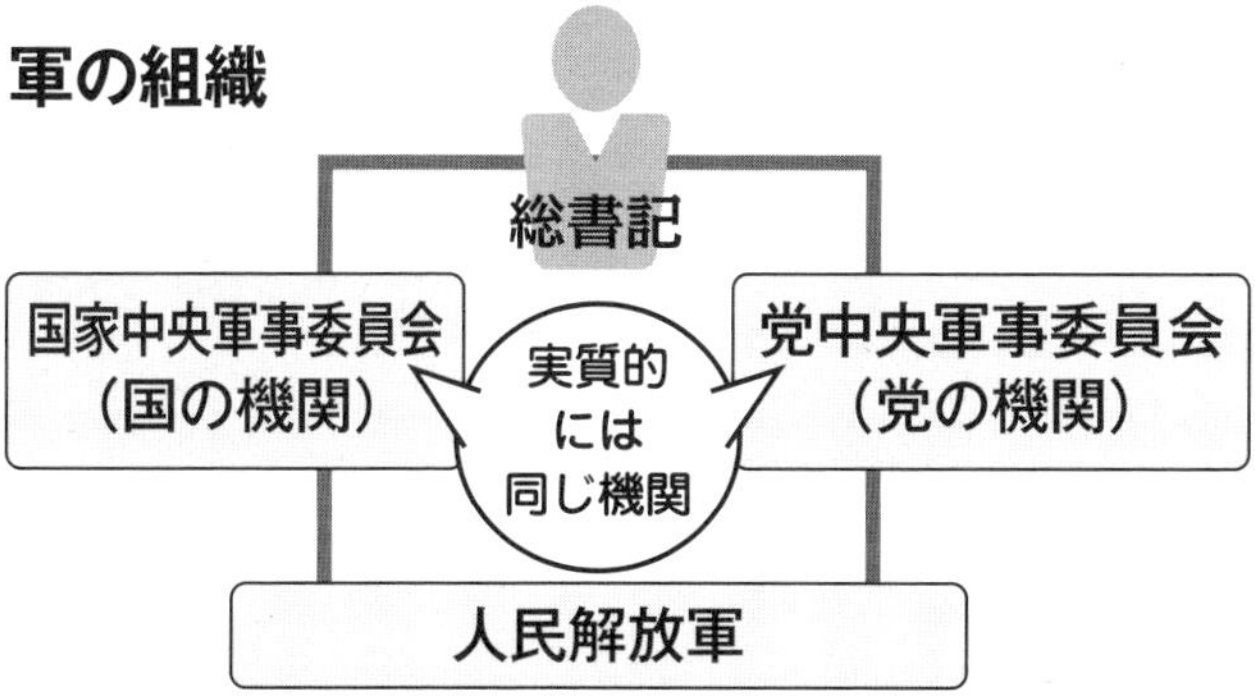

総書記
国家中央軍事委員会
（国の機関）
実質的
には
同じ機関
党中央軍事委員会
（党の機関）
人民解放軍

中華人民共和国国防法には「中国の武装力は中国共産党の領導を受ける」と明記。名目上はふたつの機関の下に属するが、実質上、軍は共産党支配である。

空母の保有を発表し、ますます強大になる

各国の軍事力の比較

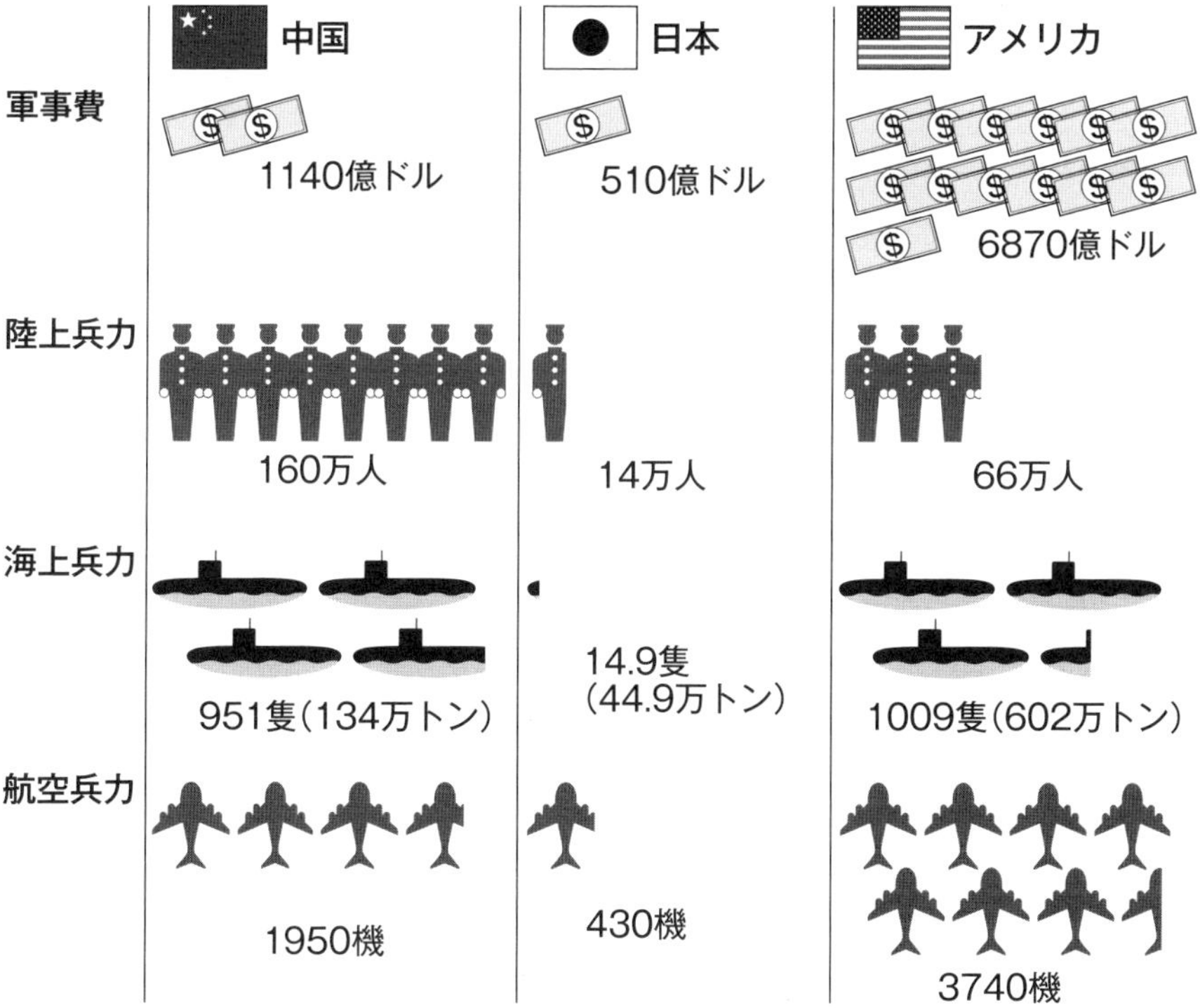

中国
日本
アメリカ
軍事費
1140億ドル
510億ドル
6870億ドル
陸上兵力
160万人
14万人
66万人
海上兵力
951隻（134万トン）
14.9隻
（44.9万トン）
1009隻（602万トン）
航空兵力
1950機
430機
3740機

（平成22年度防衛白書、ストックホルム国際平和研究所 Yearbook2010をもとに作成）

世界経済と中国

国際的な機関への加盟で貿易額が急増した

2001年に中国はWTO（世界貿易機関）に加盟。またASEANとのFTA（自由貿易協定）も発効。これにより、10年間で7倍近く貿易額が増加、貿易収支ではドイツを抜いて世界一の貿易大国になった。

なぜ中国はそれほど貿易が伸びたのか。WTOは自由貿易に関する、あらゆるルールを定め紛争を解決する機関。それまで、中国との貿易は魅力があっても「高い関税」や「中国独自のルール」のリスクが高かったため自由な取引が難しかった。それがWTO加盟で〝世界標準〟の取引が安心してできるようになったのだ。

中国も、外資ガイドラインを大幅に改定。投資を奨励する産業品目と業種を明確化した。WTOでは知的所有権ルールも定めている。中国は、模倣品問題や特許のトラブルなども、正しく対応することが求められている。また、中国は輸出先を日本のように中国やアメリカに偏ることなく、アジア各国、アフリカ、南米などに分散。経済情勢の影響を受けにくい。

Column

ニュースでよく聞く「レアアース」とは？

中国がレアアース輸出規制で日本に衝撃――。こんなニュースを見聞きする。レアアース（希土類）とは、リチウムなど蓄電池やモーターの磁石などの材料になるもの。特に日本が得意とする電気自動車やハイブリッドカーの製造には欠かせない。

このレアアース生産量で中国は97パーセントという圧倒的シェアをほこる。そこで、中国政府は自国の企業への供給優先や対外戦略として輸出規制をおこなった。さらに、このことが領土問題にもつながっている。（P.138）

世界に向けてビジネスをスタートさせた

WTO

153ヵ国が加盟する貿易協定

自由貿易を推進する国が加盟。物品貿易だけでなく金融、情報通信、知的財産権やサービスも含めた包括的な国際通商ルールを協議。

アジア太平洋貿易協定

貿易の利便化をはかる

中国、インド、韓国、スリランカなど加盟6ヵ国との間で関税や企業への規制を撤廃し、物やサービス、人や情報の移動を促進する。

ACFTA

ASEAN諸国との貿易協定

ASEAN（東南アジア諸国連合）と中国との自由貿易協定。関税品目の9割がゼロ関税となる世界最大の自由貿易地域が誕生。

その他2国間の貿易協定も多く結ぶ

FTA（自由貿易協定）

特定の国や地域との間で関税や規制を撤廃または縮小し、物やサービスの流通を自由におこなえるようにする。自由貿易協定と呼ばれる。

ECFA（両岸経済協力枠組協議）

2010年6月、台湾との間で調印された貿易協定。段階的な関税引き下げをし、台湾との経済緊密化をはかる。

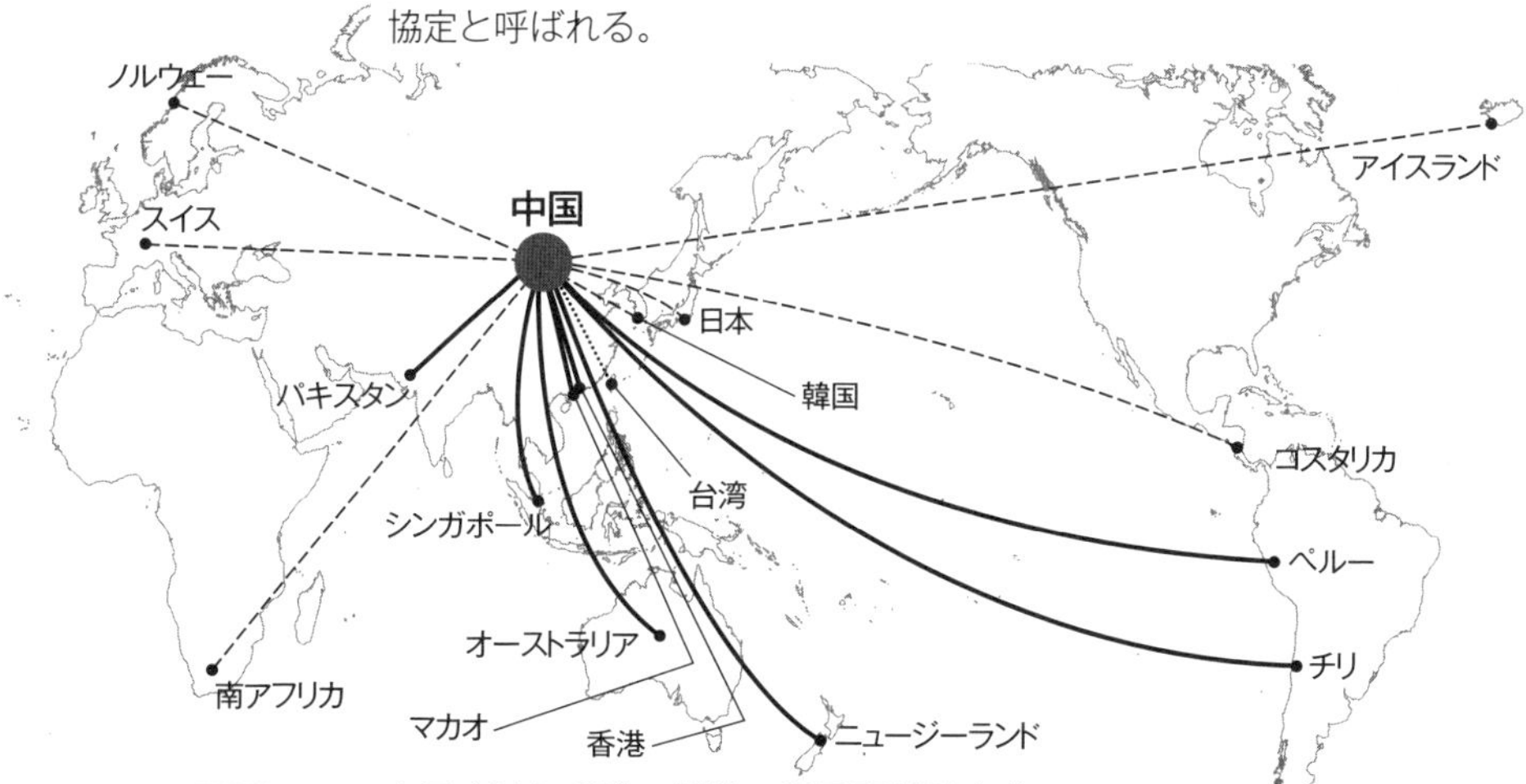
中国
ノルウェー
スイス
アイスランド
日本
韓国
パキスタン
コスタリカ
台湾
シンガポール
ペルー
オーストラリア
チリ
南アフリカ
マカオ
香港
ニュージーランド

CEPA（経済・貿易緊密化協定）

中国大陸と香港の経済・貿易関係緊密化協定。香港からの1449品目の輸入がゼロ関税、中国でのサービス業の40分野の開放などが実施されている。

———— ゼロ関税*(予定も含む)
-------- 自由貿易に向かう

＊国によってゼロ関税になる品目や業種などは異なる

人民元

人民元が切り上げられると中国にとっては不利になる

中国の通貨である「人民元」。ニュースなどで〝人民元の切り上げ圧力が高まっている〟と、よく取り上げられているが、いったいどういうことなのか。

そもそも、人民元は円やドルと違って為替レートが固定されていたが、近年経済成長をとげた中国では、実際の経済力に比べて価値が低く固定されていた。そのため中国は輸出すればするほど儲かり、貿易相手国は輸入すればするほど赤字という、中国にとって有利な状況が保たれ続けていた。そこで、アメリカなどから「人民元の価値を上げる」ように求められ、2005年に1日のレートの変動幅を一定以内に抑えた管理変動相場制に移行。これによって人民元の価値が上がったことを「人民元切り上げ」と呼ぶのである。

つまり、人民元の価値が低いことで、中国貿易が「儲かりすぎ」なのは、途上国時代は許されても、経済大国となった今ではおかしいというわけ。先進国のように、人民元も市場に完全連動した変動相場制になる日も近いと言われている。

Column

人民元の価値の感覚をつかもう

「元の価値が低い」というのは、実際にはどのくらい低いのだろうか。

たとえば、世界に店舗を構えるマクドナルドの「ビッグマック」は、世界中で同じくらいの価値に設定されており、購買力の基準として用いられることが多い。「ビッグマック」は日本では320円（地域による）、中国では14元。14元は日本円にすると約170円になる（2011年11月現在）。この数字を比較するだけでも、元の価値が低いということがわかるはずだ。

人民元切り上げのしくみを知る

日本企業が中国から商品を輸入する場合

販売原価	日本での販売費＝10円	輸送費＝5元	中国での生産費＝3元	レート
90円	10円	50円	30円	1元＝10円
				人民元切り上げ
170円	10円	100円	60円	1元＝20円

日本企業が中国に製品を輸出する場合

販売原価	中国での販売費＝2元	輸送費＝60円	日本での生産費＝50円	レート
13元	2元	6元	5元	1元＝10円
				人民元切り上げ
7.5元	2元	3元	2.5元	1元＝20円

人民元の切り上げは段階的に進んではいますが
今後どう変動するのか注目ですね

会社の分類

市場経済の活性化を目指し改革が進む

社会主義ながら市場経済化が進む中国。それでは、企業もすべて民営化されたのかというと、そうではない。

かつての計画経済のもとでは、企業は国が所有し国が経営もおこなっていた。改革開放によって経営権を民間に移し、国営企業は「国有企業」に。国有企業の株式会社化も進められた。それらの大手国有企業には世界の売上高ランキングで50位以内に入る企業もある。ただし、国有企業の経営陣の中には、資産を不正に売却して個人的な利益をあげるケースもあるなど市場主義経済のルールを無視する企業も見受けられる。

また、私営企業や、かつての農村地域の人民公社の流れをくむ小規模企業である郷鎮《ごうちん》企業も成長が著しい。工業分野では企業の50パーセント、生産額の25パーセントを私有企業が占めるようになった。2002年には、私営企業経営者の共産党入党が認められ、入党すれば経営面などの優遇が期待される。憲法改正で私有財産の保護も認められ、今後も私営企業の成長が予想される。

Column

今や「安い労働力」を求めるのは難しい

安くて豊富な労働力を強みに「世界の工場」として、成長を続けてきた中国。しかし、ここにきて経済発展に伴う人手不足で人件費が上昇。さらに、待遇改善を求める工場でのストライキが頻発するなど〝魅力ある工場〟ではなくなってきている。

すでに中国労働者の賃金水準はベトナムやインドネシアを上回っており、一人っ子政策の影響で若手労働人口は減少。安くて豊富な労働力を求めて、外資企業は東南アジアの他国への工場進出を強化し始めている。

国有企業をはじめ、さまざまな形態がある

中国での会社の分類

公有制企業

国有企業 P.122

- **中央公有企業**：全民所有制企業とも呼ばれる、かつての国営企業。経営合理化などが遅れていることも。
- **地方公有企業**：集団所有制企業とも呼ばれ、省・市・自治区などの一級行政区・県などの地方政府が管轄する。

集団企業

- **郷鎮企業**：農村の人民公社におかれていた小規模企業。小回りがきき市場シェアや従業員数を伸ばす。

非公有制企業

私営企業

- **私営企業**：公司法に基づく有限責任会社、株式会社など。最低資本金引き下げや分割出資で設立しやすくなった。
- **個人企業**：従業員７名以下。個人が単独で出資する独資企業や、複数で出資し無限連帯責任を負う合名会社など。

外資企業 P.124

- **合弁《ごうべん》企業**：中国と外国の出資によって設立される企業。設立当初の所得税免除などの優遇税制がある。
- **合作《がっさく》企業**：中国の不動産に外資が設備、技術などを提供。外資は一定の利益を受け取り、契約完了後中国に譲渡。
- **独資《どくし》企業**：外資が全額を出資する形態。利益は大きいが、政府機関との調整の困難さなどハードルは高い。

外資企業に対する開放が進む

以前は外資に進出制限があった金融、ネット販売などのサービス業が徐々に開放されつつあり、ビジネスチャンスが広がっている。

最近では
外資企業に対して
保険や介護など
サービス業の
開放も期待されます

国有企業

うまく軌道に乗る企業と赤字体質から抜け出せない企業がある

ヤル気のない従業員、旧態依然とした工場と製品、サービス精神のない接客……。こんな国有企業のイメージを持つ人もいるが、かつての中国は、そうした慢性的な非効率赤字経営が続いていた。

計画経済時代の中国では、企業はすべて国が所有し経営。国の計画に基づいて、決まったものを決まった量だけ生産し、国が買い上げていた。生産計画を達成するために、大赤字を出しながら無理な増産をしても、経営責任が問われることもなく倒産することもない。当然、そこには競争意識や品質向上といった考え方はなく、世界経済からは置いてけぼりの状態。

１９８０年代に国有企業改革が始まり、所有と経営の分離や民営化、経営不振の国有企業の整理、人員削減や株式会社化が次々とおこなわれるようになった。

それにより、中国石油天然気（ペトロチャイナ）、宝鋼《ほうこう》集団といった世界的な企業に飛躍した国有企業も出てきたが、不良債権を抱え沈んだままの国有企業も少なくない。

Column

農村などが所有している「郷鎮企業」

中国経済の隠れた牽引車となっているのが、農村地域にある「郷鎮《ごうちん》企業」だ。郷鎮とは日本の町村に相当する末端行政組織のこと。農村でおこなわれてきた事業が人民公社の解体後、発展解消して生まれた企業形態である。

農村の豊富な労働力と低賃金、小回りのよさを武器に事業を展開。農工商業、運輸、サービスなどの分野でベンチャー的な存在になっている。

なかには電子レンジで世界トップシェアをほこる格蘭仕（ギャランツ）のような企業も誕生した。

制度改革によって経営の自由度は増したが……

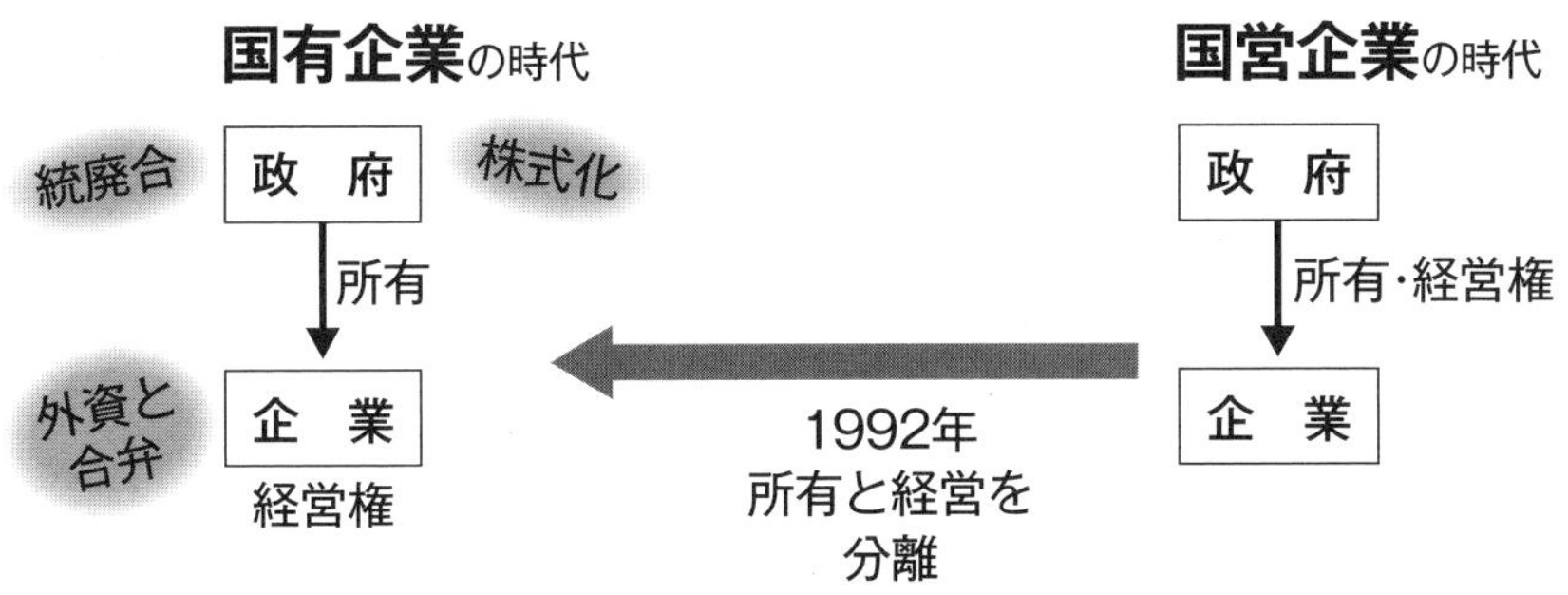
国有企業の時代
統廃合
政　府
株式化
所有
外資と合弁
企　業
経営権
国営企業の時代
政　府
所有・経営権
企　業
1992年
所有と経営を
分離

改革開放で所有と経営が分離。優秀な人材の登用や外資の導入、株式会社化などで、効率化高利益体質の経営ができるようになった。

国が所有も経営もおこなっていたため、効率化や利益向上などとは無縁。経営よりも国の計画通りの生産を管理するだけの企業が多数。

鄧小平《とうしょうへい》

一口に「国有企業」といっても明暗が分かれている

好調な国有企業

経営の効率化と消費の伸びで成長

改革で国有企業の数は半分になったが、残った企業の多数は大幅に業績を改善。エネルギーや金融系国有企業の中には、世界のトップ500社入りも。

不調な国有企業

古い体質から抜け出せず、非効率的な生産体制

遼寧《りょうねい》省、吉林《きつりん》省、黒龍江《こくりゅうこう》省などには成長に遅れをとった旧来型企業も多く、民営化で不正に国有資産を売却し私腹を肥やすケースなども問題になっている。

外資企業

誘致したい中国と進出したい外資企業がマッチした

改革開放政策（P.166）で先進国並みの経済発展を目指した中国。しかし、当初の1980年代は外貨も技術も不足。そこで海外からの直接投資を呼び、進んだ技術を持つ外資企業を誘致するため、税金の免除などの政策を実行した。

その結果、沿岸部を中心に内陸部まで幅広く外資企業が進出。これまでに70万社近くの外資企業が設立され、中国に急速な経済成長をもたらした。その一方で、中国の経済発展が輸出と投資に過度に依存。外資系企業に占める加工貿易企業の割合が大きかったことで、貿易黒字が大幅に拡大し、人民元切り上げ圧力にもなっている。

こうした状態を改善するため中国政府は「外資系企業投資産業指導目録」で、外資の誘致を奨励する分野として、ハイテク、省エネ・環境保護、現代型サービス業などを挙げ、単なる加工貿易だけでなくより幅広いビジネスを呼び寄せようとしている。

まさに日本が得意とする分野だけに、日本のベンチャー、中小企業にとっても大きなチャンスだろう。

Column

「総経理」は経理部長ではなく社長のこと

中国企業の経営トップ、つまり社長は「総経理《そうけいり》」と呼ばれる。中国企業には専務や常務が存在しないため、「董《とう》事会《じかい》（株主会議）」での決議事項を執行する全責任を負う。

日本で言う経理部長は「総会計師」と呼ばれることが多い。

董事長（取締役）

総経理（社長）

副総経理（副社長）

書記長（共産党員）

外資企業には3つの形態がある

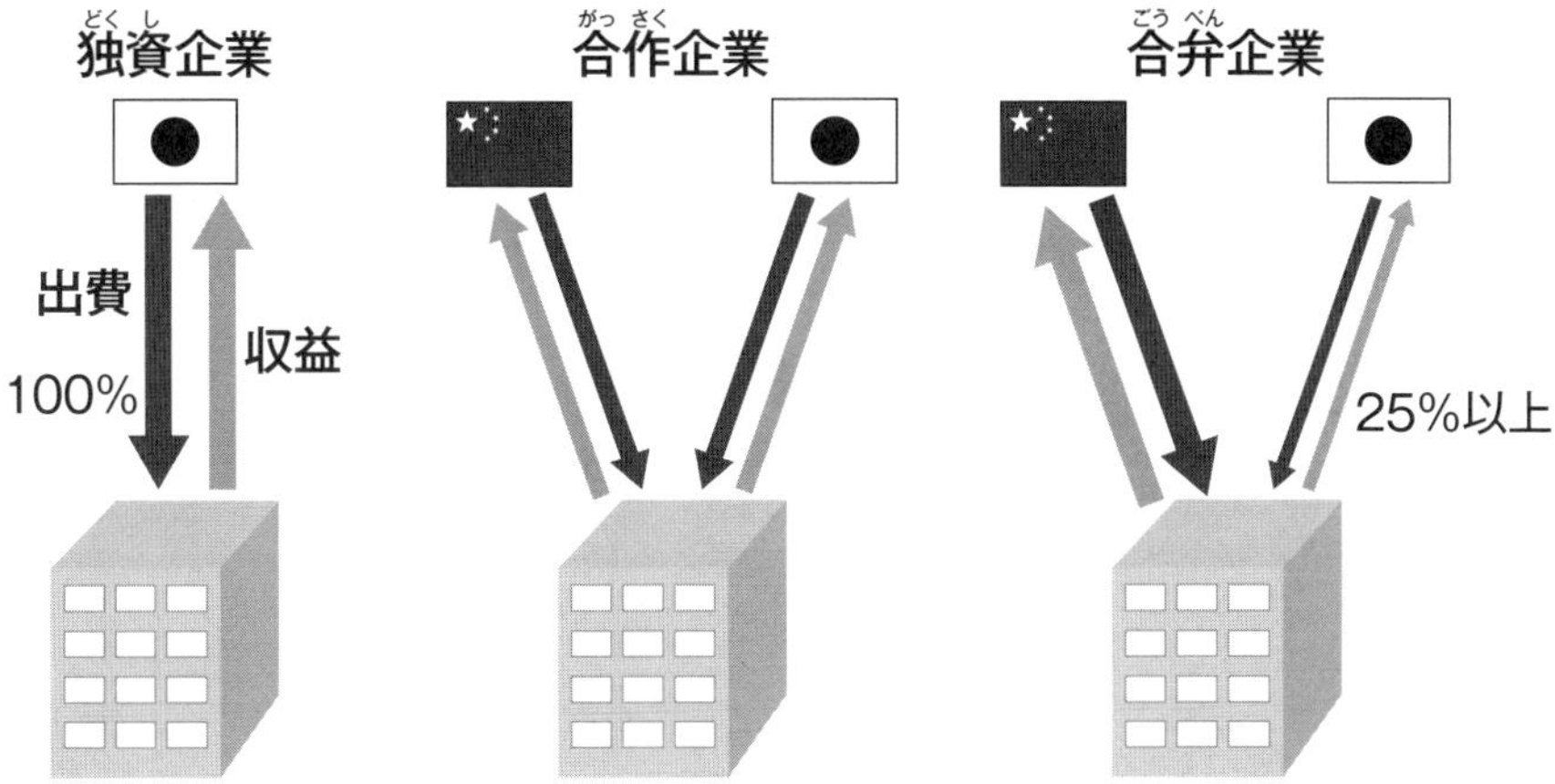
独資《どくし》企業
合作《がっさく》企業
合弁《ごうべん》企業
出費
100%
収益
25%以上

自由度が高いのが特徴

100パーセント外資が出資して設立、経営する。自国で経営方針を決め収益も分けないため魅力が大きい。一方、現地のパートナーがいない不便さもある。

双方の契約によって割合が変化

中国のパートナーと利益の分配、目標利益達成後の財産帰属などをすべて事前に決定。個人でも設立可。

利益も責任も出資の割合に応じる

すでに中国内で販路や生産流通ルート、営業権を持つ企業と共同出資で設立。外資出資比率は25パーセント以上。成功しやすい反面、共同経営の難しさも。

外資企業に対する誘致品目は広がりを見せる

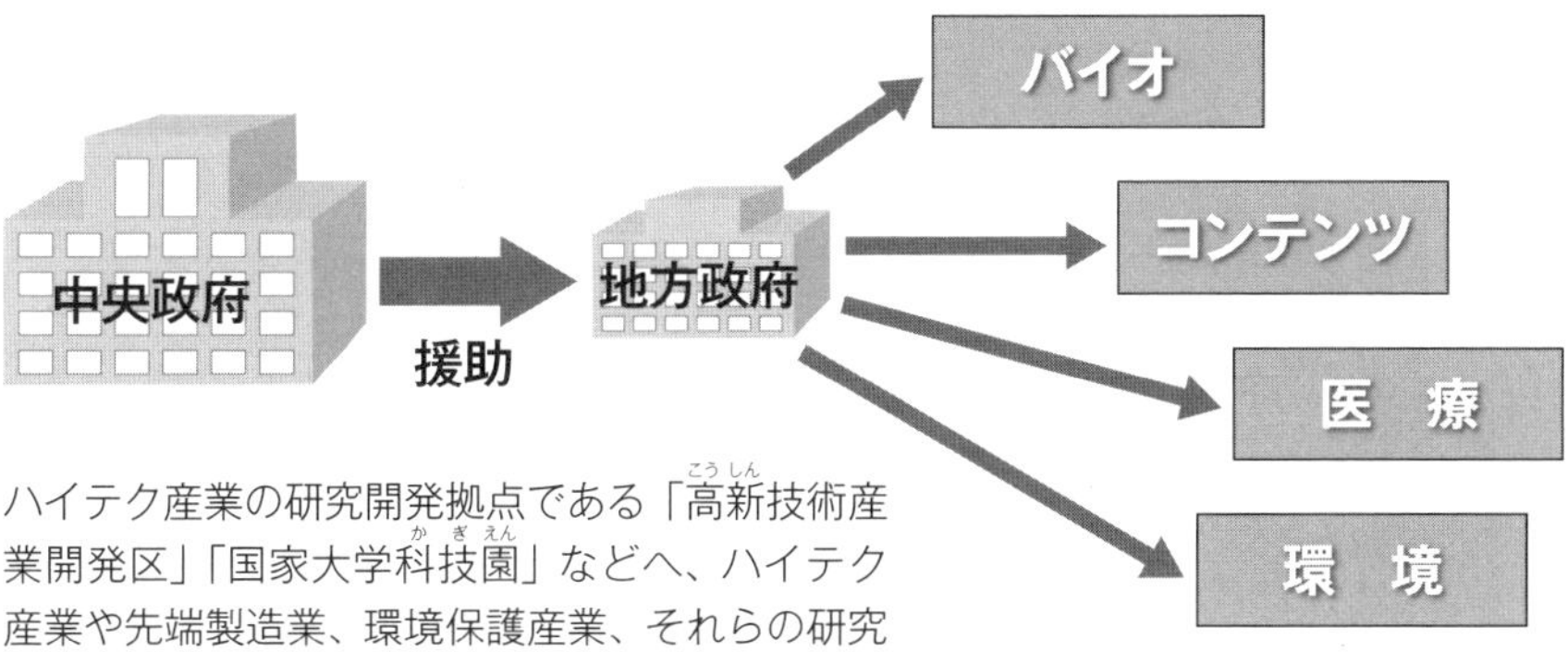
中央政府
援助
地方政府
バイオ
コンテンツ
医　療
環　境

ハイテク産業の研究開発拠点である「高新《こうしん》技術産業開発区」「国家大学科技園《かぎえん》」などへ、ハイテク産業や先端製造業、環境保護産業、それらの研究所の誘致を奨励している。

企業会計

中国式会計から国際基準の会計方法へ移行しつつある

中国ビジネスに進出しようとする企業が、頭を悩ませるのが「中国式会計」だ。改革開放前の中国では、収支計算を国に対して報告していた。改革開放後、欧米式の複式簿記が導入されたが、まだまだ前時代の会計方式が残っていることが多い。

たとえば日本では「商品出荷時」に売上を計上するが、中国では「顧客から代金を回収したとき」に売上を計上する企業が多い。事実上の現金主義なのである。そのため、日本の商取引では当たり前の請求書が発行されない。代わりに請求書と領収書を兼ねた「発票《はっぴょう》」を税務局から購入し、その発行日が売上確定日になり、取得企業には費用、資産計上日となる。

ただし「発票」を発行しない取引もあり、粉飾決算や不透明な会計処理が海外からも指摘されている。また、専門の資格を持った「会計師」でなければ記帳や納税業務がおこなえないのも中国の特徴。WTO加盟後は国際財務報告基準（IFRS）にあわせる中国企業も増えているが、中国式会計には慎重に対応したほうがよい。

Column

接待をしたときの費用は会社に請求できる?

1、2章で述べたように、中国人とビジネスで個人的な関係を深めるには「食事の場」が重要。でも取引先と仲を深めるための食事代は？　まさか自腹……？

大丈夫、ご安心を。ビジネス上必要なもので、発票があれば交際費として損金算入可能だ。

企業は、その年度の収入金額の0.5パーセントを超えない範囲で、交際費の発生額の60パーセントを控除することができる。ただし、日本の会議費に相当する規定はない。注意が必要だ。

中国式、日本式……似ているようで異なる会計基準

中国の会計方法

営業利益

＋

営業外損益

＝

税引前当期利益

営業外損益の中に特別損益が含まれる

本業以外の損益である営業外損益に、災害など例外的に発生した多額の損益である特別損益を含む会計処理のため、不透明さが強いとされる。

日本の会計方法

営業利益

＋

営業外損益

＝

経常利益

＋

特別損益

＝

税引前当期利益

損益が細かく分類される

営業利益に営業外収益を加え、営業外費用を差し引いて経常利益を出し、特別損益を差し引くため、透明性が高い会計処理をしている。

その他にも知っておきたい中国式会計のポイント

会計期間

中国の会計年度は１月１日～12月31日。さらに四半期である３ヵ月ごとに決算を株主に公開する。次年度の業績予測の発表は義務付けられていない。

領収書

中国式会計で重要なのが請求書兼領収書である「発票」。発票の発行によって売上計上をおこなう。日本のように勝手に発行できず、税務局から購入する。

支払い方法

中国では、業種や業態により前払いで２割、納品時５割、次回成約時に３割など段階的に支払うことで取引をつなぐことも有効。実質の値引きにもなる。

税制

法人税、所得税……日本と異なる税金のしくみを知る

計画経済時代の中国企業は、利潤をすべて国に納める利潤上納税をおこなってきた。改革開放によって、企業所得税（法人税）を徴収する「利改税《りかいぜい》」がスタート。その後、増値税《ぞうちぜい》、消費税、営業税などが導入され、これらは外資企業にも同一条件で適用されている。

個人レベルでは、中国では1980年まで個人所得税が存在しなかった。現在では、一定の収入（月収1600元）を超えた場合に所得税を納付する義務が生じる。中国で働く日本人の場合は、中国に滞在する期間によって決まる。

また、これまで外資企業には外資誘致のため、さまざまな外資優遇税制を導入してきたが、WTO加盟による公平な競争の必要性、すでに世界トップと言われる豊富な外貨準備高などにより、見直しの動きが……。外資企業が免除されてきた「都市維持建設税」「教育費付加」の徴収が開始され、国内外企業の税制度が統一された。

一方、「高新《こうしん》技術産業開発区（高新区《こうしんく》）」「科技園《かぎえん》」などのハイテクパークへの外資進出には税制や補助金などの優遇が残されている。

Column

中国には「相続税」が存在しない

日本ではなにかと問題になる相続税。中国では、もともと土地は国が所有しているため、相続税が存在せず財産を譲り受けたとしても課税されることがない。

また、固定資産税や土地譲渡益についても、住宅バブル対策で導入が検討されているが反対も多く、本格導入されていない。

高所得者や富裕層には有利な税制といえる。

他にも税制の違う香港へ資産を移せるなど、抜け道も多い。

知っておきたいビジネス関連の税制

企業所得

2008年から一律25パーセントに

2008年からは、これまで国内企業と外資企業で異なっていた企業所得税の税制を原則的に一本化。一律に25パーセントの法人税が課せられる。

所得税

滞在日数によって異なる

1980年以降、中国でも5〜40パーセントの個人所得税を徴収。外国人も一定金額を超え、滞在日数が通算183日を超える場合は、例外を除き納税義務が生じる。

土地増値税

土地の所得時に必要

国有地の使用権や建物・付帯設備の譲渡で発生する。譲渡した側が納税義務を負う。土地のインフラ充実度で税額が上下する。

増値税（付加価値税）

日本の消費税に相当する

物品の販売や加工等で発生。輸出免税や還付制度もある。税率は13パーセントまたは17パーセント。

営業税

不動産販売などに課される

運送、通信、金融、サービスなどの人的役務の提供、無形資産取引、建設などの取引で発生。増値税と営業税の二重課税はない。

消費税

すべての商品にかかるわけではない

お酒、タバコ、自動車、ガソリンなどの嗜好品に対して発生。生産者または輸入者に3〜45パーセントの税率で課される。

法律や制度に関する情報をキャッチする

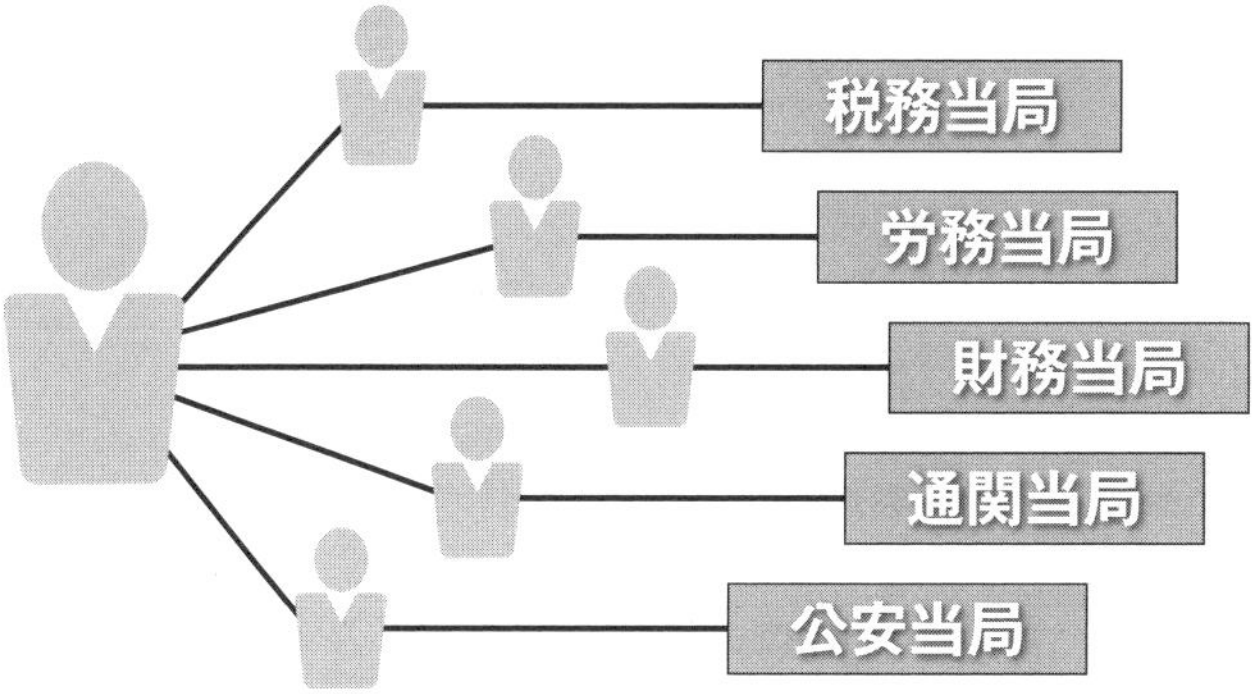
税務当局
労務当局
財務当局
通関当局
公安当局

中国では地域によって法令、法律の解釈が異なる。社内で各担当局との窓口を決め、素早い情報収集ができる体制を整えたい。

会社を始めるには

「中国進出」と一口にいっても方法は多岐にわたる

中国ビジネスを始めるとき、長期的なプロジェクトや規模の大きな事業計画を立てがちだが、実は、「小さく始めて大きく育てる」という考えを持っておくのが大切なポイントだ。

中国進出の代表格のような「合弁《ごうべん》企業」設立だけでなく「合作《がっさく》企業」「独資《どくし》企業」さらに、法人格をとらない委託加工貿易や、技術提携、販売委託、駐在員事務所開設など、さまざまな展開が考えられる。

さらに、外資と中国の大学との産学協同企業である「校弁《こうべん》企業」での進出も目立つ。なかには数千億円規模の売上をほこる企業もある。先端技術開発、バイオ、環境などの政府が奨励する分野の技術を持つ企業であれば、こうした形態も見逃せない。

いずれの場合も、まず重要なのは現地に行き、現場を見たり、人と会い、自分でパートナーを選ぶこと。これをおこなわずに、安易に「私にすべて任せてください」という話に乗ったり、相手が日本人だから安心と、無条件に信用することは絶対に避けるべき。

Column

儲けたら、どう持ち帰る？

中国で法人を設立しても、中国から日本に自由に利益を持ち出せないのでは？

そんな誤解も多いが、資本とは別の貿易取引や配当利益は、経常取引として必要な書類確認ができれば銀行から送金が可能だ。

だが、本気で中国ビジネスを成長させるなら、利益で再投資をおこなったり、現地で資産を形成するなどして中国国内でできるだけお金を回していくほうがベター。その点は日本でビジネスを育てる場合と同じだ。

会社をつくる？ つくらない？ さまざまな進出法

法人を設立しない方法

貿　易

加工貿易

対外貿易権のある中国企業が原材料や部品等を輸入し、加工生産後の製品や半製品を輸出。進料《しんりょう》加工や来料《らいりょう》加工と呼ばれる。

交換貿易

等価交換による物々交換をおこなう貿易。バーター貿易や求償貿易とも呼ばれる。モノとサービスのバーターも増えている。

技術提携

日本の技術を売る

自社の設計・製造技術などをライセンス料の形で売ったり、高度な部品をノックダウン生産として供給することも中国ではさかんだ。

営　業

代理店をつくる

コミッション型代理店、卸売店、小売店、フランチャイズ経営などの形態や代理店契約が認められている。

情報収集

広報活動なども

人と人のつながりが重要な中国では、人を介した情報収集の必要性が高い。そうしたコンサルティング活動の需要も大きい。

出資する

合作企業

中国のパートナー企業と資本比率とは別に損益の分配、目標利益達成後の固定資産の帰属などを事前に契約書で交わす。

合弁企業

中国企業と共同出資で設立。現地の人脈やルートを活用できるメリットが大きい。現物出資には政府機関の査定が必要。

100%独資企業

全額を外資が出資。董事《とうじ》会《かい》（P.124）も出資国の董事のみで構成される。経営方針などで中国側に左右されない。

合弁や
合作のように
法人を設立する
方法以外にも
色々あるんだなぁ

パートナー選びは慎重に！

中国ビジネスで初期に失敗するケースのほとんどは、パートナー選びの失敗。事前調査、与信管理をおこない、任せきりにしないことが重要。

格差社会

貧富の差は大きいが内陸部の市場に注目が集まる

北京五輪や上海万博を成功させ、市場主義経済の成長と共に世界での存在感を強める中国。ついにGDPで日本を抜き世界2位に躍り出たが、国内に目を移すと日本以上の「格差問題」が横たわる。

華東の上海、華南の広東省《かんとん》などでは外資企業のシェアも高く、沿岸地域では特に社会インフラも整備が進み、国民は先進国に負けない暮らしを送っている。

その一方で、経済発展から取り残されたのが内陸部。農村地帯が多く、沿海地域へ出稼ぎに行く人も多かった。

そのため、1人あたりGDPでは上海と10倍もの格差が生まれている地域もある。

しかし政府の「家電下郷《かでんかごう》」「汽車《きしゃ》（自動車）下郷《かごう》」などの農村部での補助金付き内需拡大政策や外資の内陸部進出で格差は縮小傾向。新たな中間層が数億人規模で生まれてくるなど、やはり底知れない中国パワーがあることも忘れてはいけない。

内陸部への企業の進出も増えている。

Column

農村と都市では戸籍が違う

1958年に制定された「戸口登記条例」により、中国では都市に住む人と農村部の人の戸籍を別にし、原則として戸籍の移動を禁じた。それぞれの戸籍のある場所でしか教育や社会サービスが受けられず職にも就けない。

しかし改革開放で、沿岸部の労働力が不足。農村部からも移民証によって出稼ぎが可能になった。

都市によっては農村都市の統一戸籍化や「都市戸籍付き住宅」が販売されるなど、事実上、中国の戸籍制度も転換期を迎えているといえる。

「先富論」で成長に偏りが生まれた

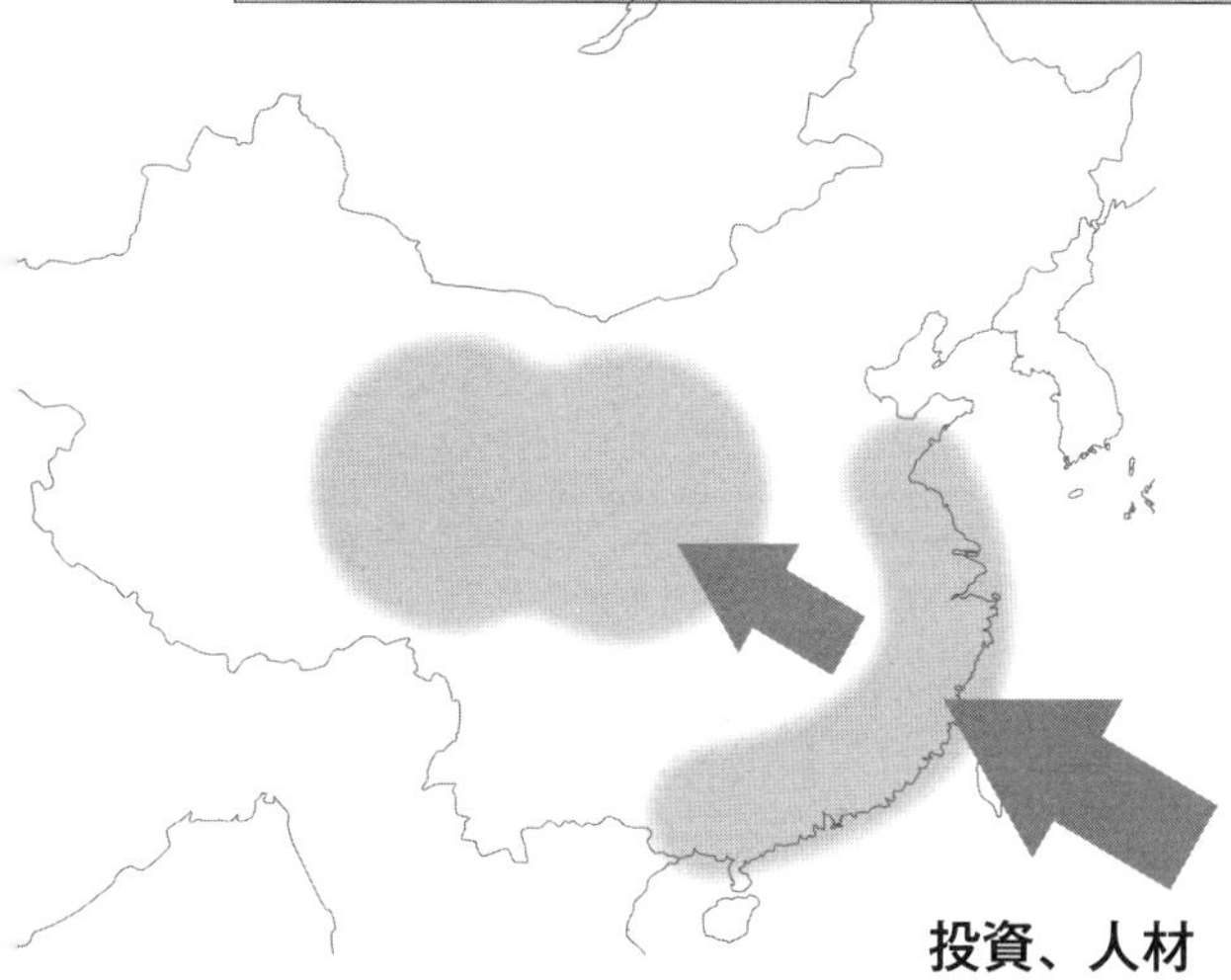
投資、人材

鄧小平《とうしょうへい》
先富論
富めるものから
先に富む

「先に豊かになれる地域と人から豊かになろう」という考えで、沿岸部、都市部に投資や社会資本が集中。都市と農村での富の偏在化が社会問題に。

中間層が増え、底上げが進んでいる

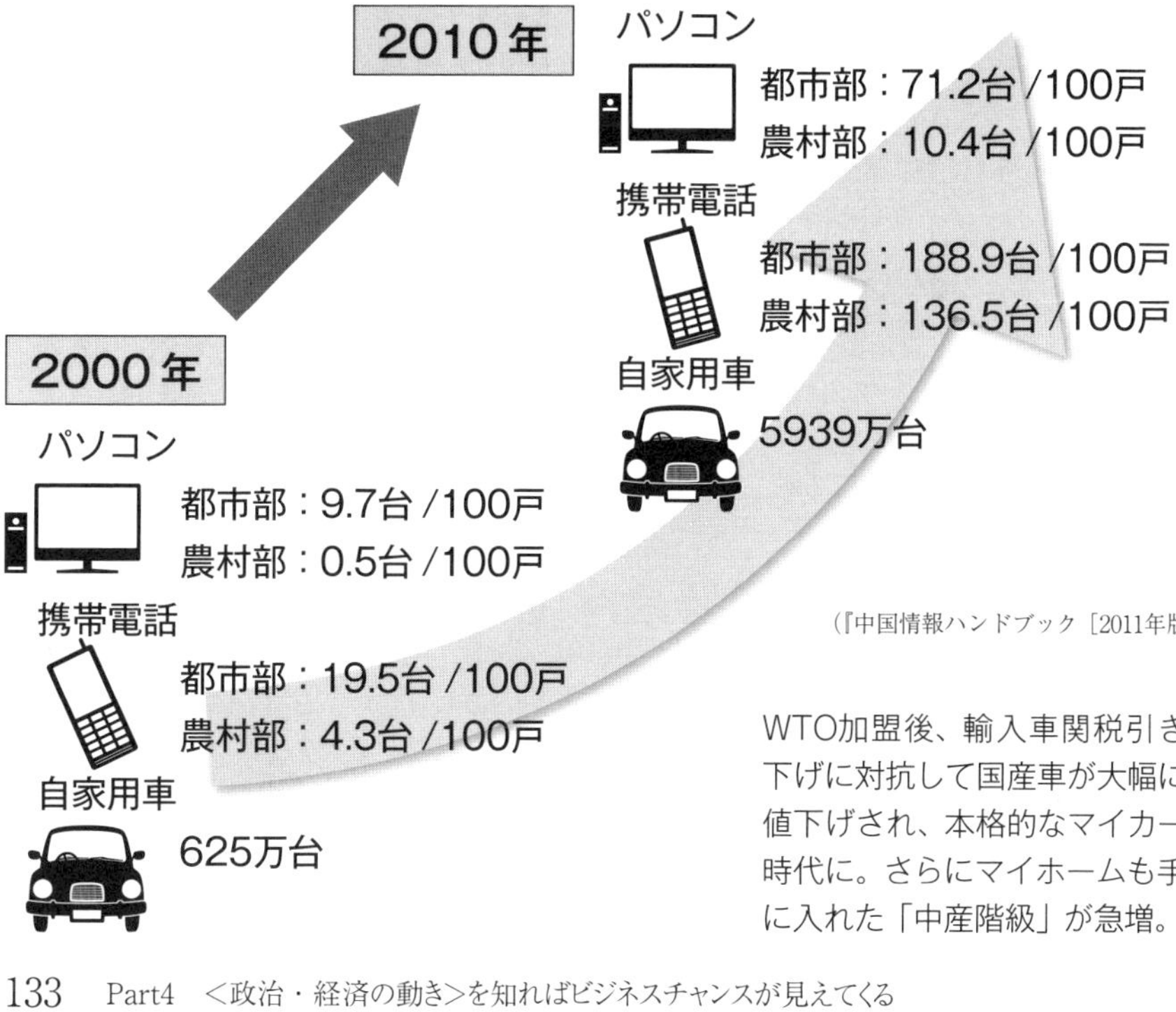
2000年
パソコン
都市部：9.7台 /100戸
農村部：0.5台 /100戸
携帯電話
都市部：19.5台 /100戸
農村部：4.3台 /100戸
自家用車
625万台
2010年
パソコン
都市部：71.2台 /100戸
農村部：10.4台 /100戸
携帯電話
都市部：188.9台 /100戸
農村部：136.5台 /100戸
自家用車
5939万台

（『中国情報ハンドブック［2011年版］』）

WTO加盟後、輸入車関税引き下げに対抗して国産車が大幅に値下げされ、本格的なマイカー時代に。さらにマイホームも手に入れた「中産階級」が急増。

環境問題

環境問題が深刻な中国では環境ビジネスが過熱している

中国の急激な経済成長は、同時に深刻な環境問題をもたらしている。大気汚染、水質汚染、酸性雨被害、土壌汚染、森林破壊など、問題はあらゆる分野におよんでいる。

その中でも、特に重大とされているのが水不足と砂漠化。中国では、もともと森林面積が少ないうえに、森林伐採によって砂漠化が進んだ。水が足りなくなったところに、工業用水、農業用水の需要が増加。そのうえ河川や地下水の汚染悪化で水不足は深刻だ。七大河川の約3割はすでに飲用に適さないといわれる。

またエネルギー消費のうち、石炭への依存度が高く、CO_2排出量が世界一。排出ガス浄化設備が未整備かつエネルギー不足が続いていることから、政府は環境保全の法整備や汚染企業への罰則強化、環境改善につながる投資を奨励している。

高度経済成長期に公害対策を経験し、太陽光発電などの省エネルギー技術や環境対策技術で世界をリードする日本企業にとってはチャンスだ。

Column

北京五輪に向けて促進された環境対策

北京五輪を前に各国選手団から、北京の大気汚染による健康への影響を心配する声が続出。そこで政府は急遽、さまざまな〝環境五輪対策〟を実施した。

汚染源となる工場の閉鎖・移転や市内への自動車乗り入れ規制、会場施設にヒートポンプを活用した最先端の冷暖房システムや太陽光発電の導入などをおこない、五輪期間中の青空を取り戻した。

しかし地方都市などの環境対策は放置されたままなのが実情だ。

急速な発展の裏では深刻な環境問題が

解決に向けたさまざまなビジネスも出てきた

大気汚染	CO_2排出
酸性雨や黄砂に 太陽が黄色く見えるほどの、二酸化硫黄などによる大気汚染が問題に。黄砂によって汚染物質が日本に運ばれることの影響も心配だ。	**世界一の排出国になった** アメリカを抜き世界一のCO_2排出国となった。石炭を使う旧式の火力発電所が多く、財政難で対策が遅れている。
水質汚染	**砂漠化**
七大河川の3割が飲めない水 水質汚染と水不足対策で政府は、水の豊富な南部から水不足の北部へ水を引く「南《なん》水《すい》北《ほく》調《ちょう》」プロジェクトを進めている。	**砂漠化の規模もケタ外れ** 過剰な農地開拓などで毎年、広範囲にわたって急速な砂漠化が進行している。政府は多額の費用を投じて緑化対策をおこなっている。

工場から排出される
化学物質によって
水質汚染が
進行している
大気汚染が
広がり
遠くのビルが
かすんで見えるほどだ

政治の腐敗

横行するワイロを寄せ付けないしくみをつくる

中国の負のイメージのひとつが「汚職」「腐敗」。中国ビジネスを手がけようとすると、避けては通れない問題である。これも中国の伝統といってしまえばそれまでだが、市場経済化が進む中で、汚職と腐敗がさらに深刻化しているのだ。

「ワイロは必要悪。中国ビジネスでは当たり前」と豪語する日本人ビジネスマンがいるが、ワイロが必要となるようなビジネスには手を出さないほうがいい。相手とタイミングを間違えると、期待する効果が出ないどころか、大きなリスクを抱え込んでしまうことになる。誰に、何を、いつ贈るかというポイントをおさえるのは日本人には難しいのが現状だ。

政府も「中央紀律検査委員会」を設置し、処分を厳格化。2010年には約14万人を処分したと発表している。こうした状況を見ると、中国でビジネスを進めるためには仕方ないと思ってしまいそうだが、甘えと油断は禁物。不正は一切やらない！　という強い態度を最初から持って、その姿勢を貫き通すことが大切だ。

Column

中秋節（P.90）の「月餅」と一緒にワイロを贈る⁉

企業進出に絡む許認可や融資の便宜を図ってもらうために、共産党の役人に「月餅《げっぺい》」を渡す。

それも、ふつうの月餅ではない。箱には豪華な包装がされ、月餅の下には商品券がズラリと並んでいる……。と、こんなケースもあるのだ。

もちろん、中国でもワイロは不正だという認識はある。しかし摘発・逮捕されるのは氷山の一角に過ぎないというのが現状。残念ながら、贈る側も受け取る側も「やらないと損」という感覚があることも事実だ。

なかなか減らない政治の腐敗

検閲機関はあるものの……

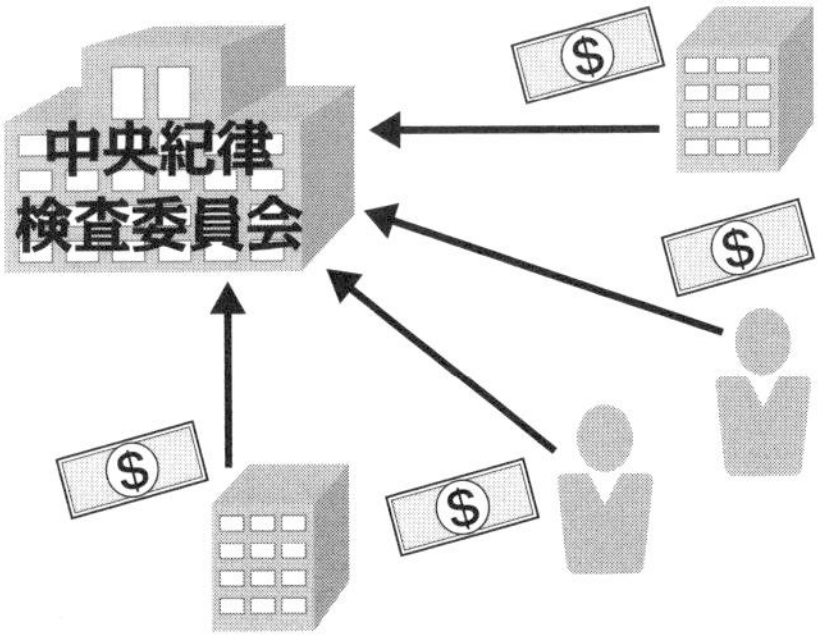

中央紀律
検査委員会

**検閲機関に対する
ワイロによって
十分な機能を
果たしていない**

当局は規律強化に乗り出しているが、政治的圧力で不正がにぎりつぶされることもある。警察や検察も共産党支配下にあるため、汚職撲滅は難しい。

「わが社はワイロを贈らない」という姿勢を示す

金銭ではない
インセンティブの
形を工夫
しましょう

強固な姿勢を会社全体で持つ

最近は外資企業に対しても「商業賄賂」の取り締まりが強化されている。社員がおこなったことも会社の責任になる。断固とした姿勢を会社全体で持ちたい。

**金銭を要求するような人や
企業を寄せ付けない**

「お金」ではなく「気持ち」を贈る

相手との信頼関係をより深められるように、たとえば、一緒に記念の植樹をして「○○さんとの友好の証」というようなことをしてもいい。大切なのは、金額ではなく、相手のことをどれだけ本当に大切に考えているかという気持ちを伝えることだ。そうすることで信頼関係を構築できる。

外交問題

資源をめぐる領土問題はビジネスにも影響を与える

レアメタルの生産量が世界一であり、生産量世界一の油田も持ち、豊富な資源国というイメージがある中国だが、実は深刻な資源不足に悩んでいる。13億人の人口がある中国では、1人あたりの資源量は世界平均のわずか58パーセント。その一方で、急成長を続ける中国経済を支えていくためには、エネルギー供給や産業の原材料として資源がいくらあっても足りない状態が続いている。

そこで東欧、南米、アフリカなど各地で資源確保に奔走。さらに中国と国境を接する各国との間で、海底に眠る資源をめぐって領有権争いが頻発している。

日中間では「東シナ海ガス田開発」で共同開発に合意したはずが、双方が主張する排他的経済水域の違いから対立が続いている。この問題では、東シナ海にある尖閣諸島でも中国が領有権を主張し、中国漁船の海上保安庁巡視船衝突事件から、反日デモが発生。現地日本企業の休業、日本製品ボイコットなど、ビジネスにも影響が出た。日中関係の動きには、アンテナを張っておくことが必要だ。

Column

アフリカの資源を狙って接近

中国がアフリカ諸国との協力関係を積極的に築いている。「中国アフリカ協力フォーラム」において、直接援助でのインフラ建設や対中債務の免除、関税免除などを約束。アフリカと中国の貿易額は10年間で10倍近くに伸びた。

この背景にあるのが、豊富なアフリカの石油などの天然資源確保。そのため、アフリカからは「自国の技術者や労働者を送り込み、技術移転せず石油だけを搾取している」との非難の声も出ている。

資源の不足を恐れ、領土を求めている

日本
韓国
ネパール
東シナ海
中国
インド
ミャンマー
南シナ海
フィリピン
タイ
インドネシア
ベトナム

蘇岩礁《そがんしょう》(離於島《いおど》) 中国 VS 韓国

韓国が領有権を主張し海洋調査基地を建設したことで対立。

尖閣諸島 中国 VS 日本

1970年代にイラクの埋蔵量に匹敵する大量の石油埋蔵量の可能性が報告され領有権を争う。

西沙諸島(パラセル諸島) 中国 VS ベトナム

南沙諸島(スプラトリー諸島) 中国 VS ASEAN諸島

牛の舌と呼ばれる海域で石油、天然ガスなどの豊富な海底資源が眠る。領有権をめぐりアメリカ軍も巻き込みながら対立が続いている。

ビジネスに深刻な影響を与えた「レアアース問題」

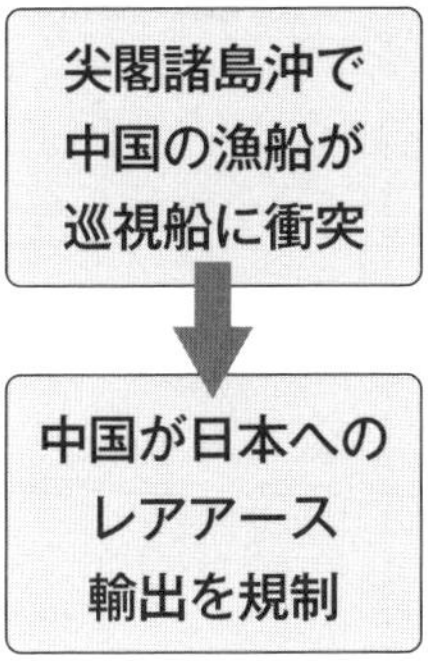
尖閣諸島沖で
中国の漁船が
巡視船に衝突
中国が日本への
レアアース
輸出を規制

レアアース生産で世界の97パーセントのシェアをほこる。レアアースを自国産業に優先供給することと、外交戦略の切り札にする狙いで輸出を規制している。

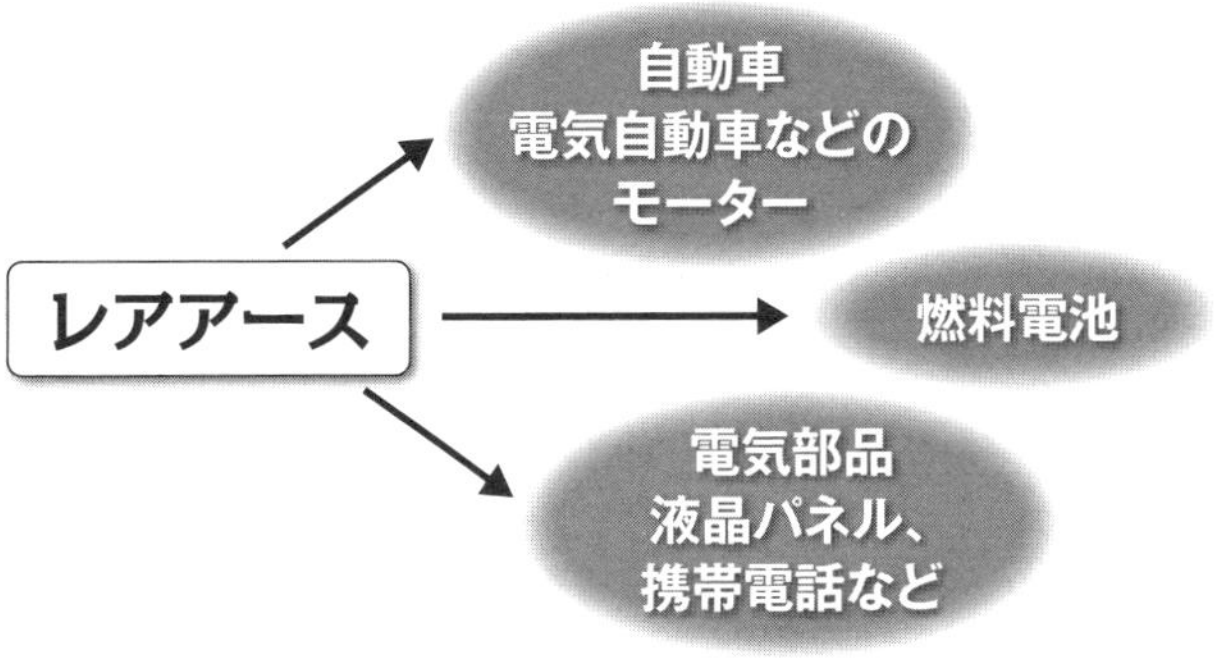
レアアース
自動車
電気自動車などの
モーター
燃料電池
電気部品
液晶パネル、
携帯電話など

模倣品

模倣品は「模倣される側」のブランドイメージを下げる

模倣品、偽物、海賊版天国と言われる中国。まるごと海外の有名コンピューターストアを真似した店まで出現して話題になった。売られている模倣品も、一昔前の明らかな偽物と違って、精巧で本物そっくり。日本企業の海外の模倣品被害の約7割が中国という特許庁の調査もあり、被害は深刻だ。

なぜ、ここまで中国で模倣品ビジネスが広がるのか。ひとつには、消費者、模倣品製造者の「本物は高くて買えないので、安いコピー商品は消費者の味方」「見分けがつかないくらい、いい製品だ」という意識があり、これは日本人にはなかなか理解しがたいことだ。中国政府も取り締まりを強化しているが、模倣品市場があまりにも巨大で全土に浸透しているため抜本的な対策には至っていない。

中国ビジネスで、この問題に直面したら、まずは放置せず現地パートナーと協調し、必要最低限の措置はとるべきだ。ただし、裁判は得策ではない。裁判所も自国側を守ろうとする傾向があり、お金と時間を浪費するだけだからだ。

Column

WTO加盟により世界からも厳しい目が

2001年のWTO加盟後、中国も、さすがに模倣品を野放しにするのは国際的信用にも関わるため、「TRIPS協定（知的所有権の貿易関連側面に関する協定）」の完全履行を約束し、特許や商標、著作権などの関連法を整備した。

しかし、実際には模倣品被害は減らず、2007年には知的財産権保護が不十分でTRIPS協定に違反しているとの理由でアメリカが中国をWTOに提訴する事態に。一朝一夕には解決しない問題のようだ。

中国で模倣品がなくならない7つの理由

中央政府は取り締まりをアピールするが……

- 地方の財政を支える産業になってしまっている
- 「模倣が悪い」という感覚が希薄
- 模倣の精度が上がっている
- 地方政府が動かない
- 罰則が軽い
- 社員が情報を持ち出してしまう
- 開発費をかけずに儲けられる

商標（ロゴ）だけでなく、著作権や特許権なども

模倣品は高級ブランド品に限らない。ゲームや音楽・映画ソフト、パソコンソフトなどの海賊版、特許権を侵害した技術開発なども。

模倣品は放置しない。基本的な措置を

模倣品の流通

↓

自社のブランドイメージが下がり、競争力が低下

日本の製品にそっくりだ……巧妙化しているな……
便宜
30%
受欢

日本企業の意識の低さも原因のひとつ

「中国だから模倣品は仕方ない」と考え、知的財産の適切な管理をせず諦めて放置している日本企業も少なくない。そうした姿勢が製品全体の信用も落とす。

対策は？

現地パートナー企業と協力して措置をとる。必要に応じて商標登録、特許申請をおこなう。公安当局との連携も欠かせない。証拠となる情報収集を怠らないこと。

こんな荒業も……

- 現地の民間企業に取り締まりを委託
- 模倣品を本物のプロモーションに利用
- 逆手をとり模倣品工場を買収

中国ビジネスの強い味方、台湾ビジネスを知る

中国ビジネスを成功させたいなら、台湾に学ばない手はない。なぜなら、中国の経済成長を活用したビジネスの成功国であり、多くのノウハウを持っているからだ。特に IT 関連企業が数多く進出。お互いの特徴と強みをうまくいかして、世界に通用するビジネスをおこなっている。台湾の貿易相手国として中国は輸出先1位、輸入元２位だ。

台湾ビジネス3ポイント

POINT1
政治は政治、経済は経済

日本人は台湾と中国の政治関係を気にする人が多いが、彼らは政治とビジネスは切り分けて考える。今、台湾活用型ビジネスが注目を集めている。

POINT2
中国と経済面での一体化が進む

台湾の就業人口は1000 万人で、そのうち 100 万人が中国で就業。さらに中国では台湾の就業人口を上回る中国人を台湾企業が雇用。両国の経済的な一体化が進む。

POINT3
台湾の「強み」をいかす

3-1

もともとは同じ漢民族。言葉や文化が通じるのが強み。また台湾人は親日派が多い。その利点をいかし、彼らから中国ビジネスのノウハウを学ぶ。

3-2

日本企業の「強み」を中国ビジネスでも発揮するために、台湾企業のネットワーク力、販売チャネル、マーケティング力を徹底活用する。

3-3

2010 年に中台間の関税協定が締結され、今後、段階的に関税がゼロに。日本から中国に輸出するより、台湾企業と協業し、台湾に生産拠点をおくのも一法。

Part5

バックグラウンドを知らずにビジネスは始められない

中国の地理・歴史を1時間でマスターする

上海はどこにある?　日清戦争は何年に起こった?
香港・マカオと中国の関係は?
あなたは即答できるだろうか。
中国という国の成り立ちや土地感覚を
知っているといないとでは、
ビジネスに大きな差が出てくる。

行政区分

北京は何省にある？行政区分を知る

中国の人気者「パンダ」の生息地として有名なのは四川《しせん》省。そして、言わずと知れた中国の首都といえば北京。では、北京は何省？この問題に即答できる人は、中国通といってもいい。正解は、北京は省に属するのではなく「直轄市」。中国の行政区分の中では、省と同格の扱いだ。直轄市は他にも、天津《てんしん》、上海、重慶《じゅうけい》の計４市。これらの省と直轄市、自治区、特別行政区が一級行政区と呼ばれる。

その下に位置するのが、二級行政区の地級《ちきゅう》市や区。なかでも副省《ふくしょう》級《きゅう》市は市でありながら省と同等の権限や予算を持つ。その次が、三級行政区の県、四級行政区の郷《ごう》・鎮《ちん》という序列区分だ。

このような行政区分を持つ中国では、市の中に県があるなど、日本の都道府県の感覚では混乱してしまいそうになる。また、中国では省や副省級市、県などは地方自治体とは呼ばず、地方政府と呼ぶ。まさしく、政府並みの権限を持つため、地方政府とのビジネスの折衝では、どれくらい格があり、どんな実力者がいるのかなどを見極めることが重要になってくる。

Column

国内でも言葉が通じないことが

中国には、地域により、さまざまな方言がある。北京語（首都圏の言葉）が基本となっているのが「普通話《プートンホワ》」だ。日本で「中国語」と呼ばれているのがこの「普通話」。これを学べばひとまずどの地域でも通じる。

中国では「広東話」「上海話」など地域ごとで異なる言葉が使われる。地域の違う人たちが方言で話すと、まったく通じないということもある。「普通話」ができれば問題ないが、自分がビジネスで赴く地域の方言でのあいさつなどは覚えておきたい。

「市」の中に「県」がある中国の行政区分

4つのレベルに分かれている

一級行政区　直轄市(4)　省(22)　自治区(5)　特別行政区(2)

二級行政区　地級市　市轄区　など

三級行政区　県級市　県　区　など

四級行政区　郷　鎮

直轄市

北京(P.152)　上海(P.154)
重慶(P.159)　天津(P.159)

自治区

内モンゴル、新疆《しんきょう》ウイグル、チベット、広西《こうせい》チワン族、寧夏回族《ねいかかいぞく》

特別行政区

香港、マカオ(P.156)

省

河北《かほく》　江蘇《こうそ》　浙江《せっこう》
遼寧《りょうねい》　吉林《きつりん》　黒竜江《こくりゅうこう》
広東《かんとん》　海南《はいなん》　陝西《せんせい》
甘粛《かんしゅく》　四川《しせん》　雲南《うんなん》
貴州《きしゅう》　湖北《こほく》　江西《こうせい》
湖南《こなん》　安徽《あんき》　山東《さんとん》
河南《かなん》　山西《さんせい》　福建《ふっけん》
青海《せいかい》

自分が今どの地方政府とやりとりしているか知る

日本の都道府県の感覚でいると間違えてしまいそうだ

県でOKだったことが市でNGになる？

経済技術開発区や高新《こうしん》技術産業開発区は省級の権限が与えられているところも。県の役人がOKでも開発区の役人がNGのことも。折衝先のレベルを把握しておかないと決定事項が覆るので要注意！

長江デルタ
珠江デルタ

産業が発展したふたつの地帯

古代の文明を見てもわかるように、デルタ地帯（三角州）は、その国の発展と大きく関わっている。現在の中国に経済発展をもたらしたのもふたつのデルタ。そのひとつが珠江《しゅこう》デルタ。１９８０年代、「経済特区」としていち早く開放された。深圳《しんせん》を中心とする珠江河口の広州、香港、マカオを結ぶ三角地帯である。

経済特区では、外資の誘致や技術導入、輸出や雇用の拡大、金融機能などをおこなうため税制の優遇措置もとられ、一般の国民も自由に立ち入れない〝外国〟のような存在となった。

地理的に香港と近い深圳は、アジアの金融センターだった香港からの投資も呼び込み、「世界の工場」として急成長。その成功により、今度は上海を中心とする沿海部に長江《ちょうこう》デルタ経済圏が形成され、こちらはハイテク産業などの育成、金融、商業の拠点として中国経済を牽引するほどの力をつけてきた。特に長江デルタではＧＤＰに占めるサービス業の割合が半分以上となり、「世界の市場」としての新しい中国の姿を見せつけている。

Column

市と同格の権限を有する「高新区」

日本企業が数多く進出する「高新《こうしん》技術産業開発区（高新区《こうしんく》）」。日本風にいえばハイテク産業パークであるが、日本と大きく異なるのが権限と規模の大きさだ。

全国の主要都市にある高新区は国家級開発区として地方政府並みの行政機構を持ち、進出企業ごとの税や優遇措置などを決定する権限がある。

空港、港、鉄道などの社会インフラ整備も開発区によっておこなわれるなど、日本のハイテクパークとはスケールが違うのだ。

立地をいかして発展をとげた

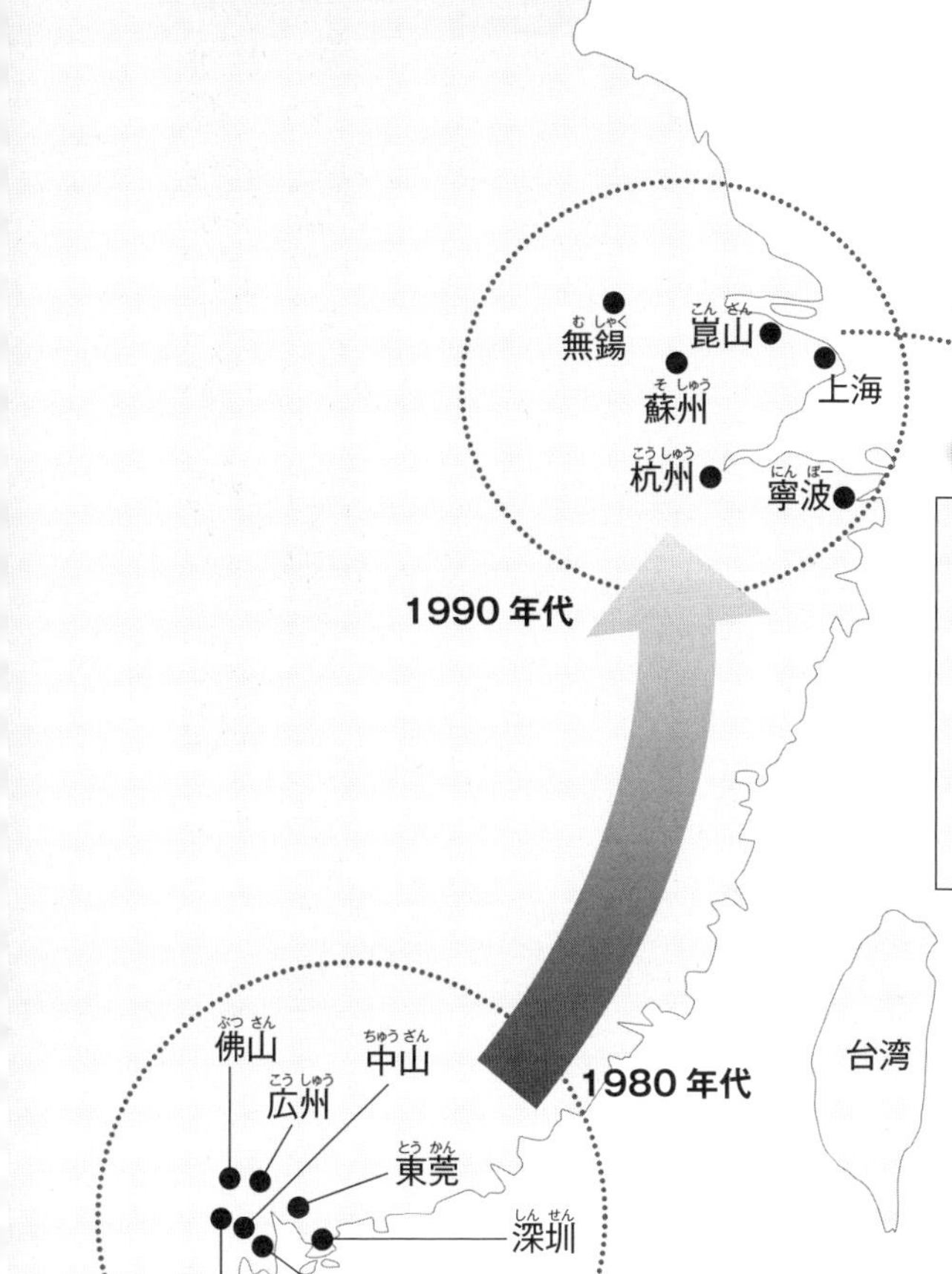
無錫《むしゃく》
崑山《こんざん》
蘇州《そしゅう》
上海
杭州《こうしゅう》
寧波《にんぽー》
1990年代
1980年代
佛山《ぶつさん》
中山《ちゅうざん》
広州《こうしゅう》
東莞《とうかん》
深圳《しんせん》
珠海《しゅかい》
江門《こうもん》
台湾

長江デルタ

上海市、江蘇《こうそ》省（南京市、徐州《じょしゅう》市、無錫市、常州《じょうしゅう》市、揚州《ようしゅう》市、鎮江《ちんこう》市、泰州《たいしゅう》市）浙江《せっこう》省（杭州市、寧波市、嘉興《かこう》市、紹興《しょうこう》市、舟山《せんざん》市など）

上海の恩恵を受けて発展。パソコンの一大供給地

上海、蘇州に近い崑山などは、有名メーカーのノートPCを生産する台湾企業の工場が集結。世界のノートPCの8割が実は、この長江デルタ産である。

珠江デルタ

広東《かんとん》省（広州市、深圳市、珠海市、佛山市、江門市、中山市、東莞市など）

香港、台湾に近いという立地のよさから発展

マカオ、香港、珠海を結ぶ海上橋・海底トンネル、高速都市間鉄道建設などのインフラ整備が進み、物流と交通のよさから世界中の委託加工集積地となる。

沿海部

自由経済が浸透し先進国の仲間入りを果たした

鄧小平《とうしょうへい》による経済の改革開放は「先に豊かになれる地域から豊かになり、遅れた地域を助ける」という「先富論」に基づき、沿海部の都市に経済特区を設置することから始まった。沿海部から先に豊かになろうとした最大の理由は地理的条件だ。香港や台湾に近いことから、外資を呼び寄せやすい。まず、そこに資本や技術、社会インフラを集積させたのだ。

その結果、珠江《しゅこう》デルタ経済圏、長江《ちょうこう》デルタ経済圏、環渤海《かんぼっかい》経済圏と呼ばれる経済成長エリアが沿海部に出現。１９９０年代には「世界の工場」と呼ばれるまでに発展した。

これらの沿海部の占めるＧＤＰの割合は高く、上海の1人あたりＧＤＰは先進国入りの基準とされる1万ドルを超えた。さらに沿海部の省によっては、すでにアジア各国を超えるＧＤＰを、ひとつの省だけで稼ぐ規模にまでなっている。こうなると、もはや国家並みの力を持つことになり、中国政府にとって発展は喜ばしい反面、そのコントロールの難しさも出てきているのが実情だ。

Column

産業を支える出稼ぎ労働者「民工」

沿海部の経済発展を支えてきたのが「農民工《のうみんこう》」や「民工《みんこう》」と呼ばれる、貧しい農村部からの出稼ぎ労働者だ。中国の戸籍制度では、農村戸籍から都市戸籍には移れず社会保障も異なる（P.132）。

中国では安価な労働力がおもに内陸部の農村地域から沿海地域の都市部へと供給されてきた。

しかし、最近は内陸部の経済発展により、出稼ぎ労働者が春節《しゅんせつ》休暇を過ぎても沿海部に戻らず人手不足となる事態も起こっている。

上海、深圳を中心に外国との窓口として優先的に発展

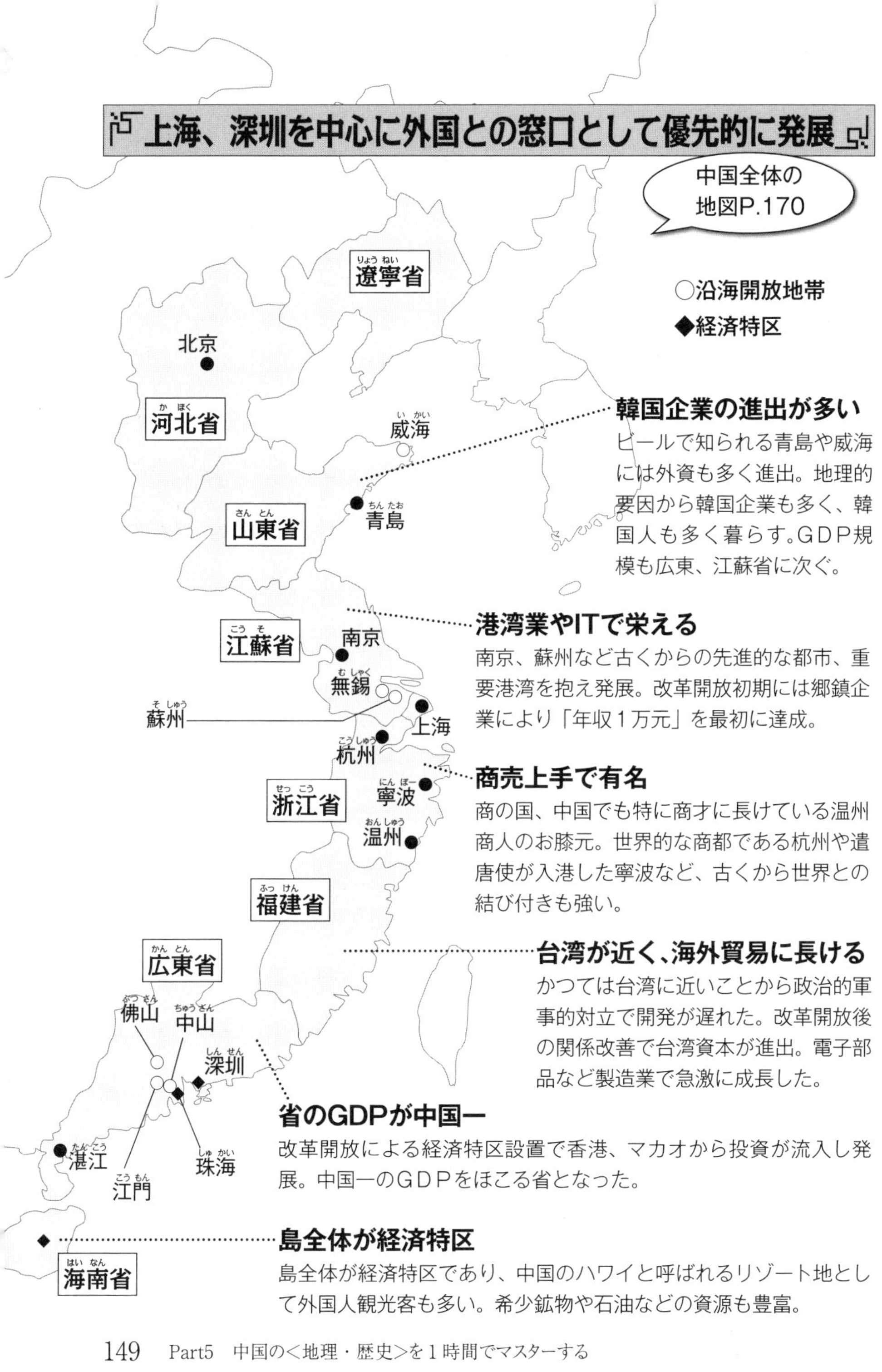

中国全体の
地図P.170
○沿海開放地帯
◆経済特区
遼寧省《りょうねい》
北京
河北省《かほく》
威海《いかい》
山東省《さんとん》
青島《ちんたお》
江蘇省《こうそ》
南京
無錫《むしゃく》
蘇州《そしゅう》
上海
杭州《こうしゅう》
浙江省《せっこう》
寧波《にんぼー》
温州《おんしゅう》
福建省《ふっけん》
広東省《かんとん》
佛山《ぶつさん》
中山《ちゅうざん》
深圳《しんせん》
湛江《たんこう》
江門《こうもん》
珠海《しゅかい》
海南省《はいなん》

韓国企業の進出が多い

ビールで知られる青島や威海には外資も多く進出。地理的要因から韓国企業も多く、韓国人も多く暮らす。GDP規模も広東、江蘇省に次ぐ。

港湾業やITで栄える

南京、蘇州など古くからの先進的な都市、重要港湾を抱え発展。改革開放初期には郷鎮企業により「年収1万元」を最初に達成。

商売上手で有名

商の国、中国でも特に商才に長けている温州商人のお膝元。世界的な商都である杭州や遣唐使が入港した寧波など、古くから世界との結び付きも強い。

台湾が近く、海外貿易に長ける

かつては台湾に近いことから政治的軍事的対立で開発が遅れた。改革開放後の関係改善で台湾資本が進出。電子部品など製造業で急激に成長した。

省のGDPが中国一

改革開放による経済特区設置で香港、マカオから投資が流入し発展。中国一のGDPをほこる省となった。

島全体が経済特区

島全体が経済特区であり、中国のハワイと呼ばれるリゾート地として外国人観光客も多い。希少鉱物や石油などの資源も豊富。

内陸部

生活水準の向上によって内需の拡大に期待が高まる

「先富論」により、これまで沿海部に偏ってきた経済発展から、2006年には全体的にバランスのとれた発展をする「共同富裕論」への転換を宣言。ようやく政府が内陸部の発展に本腰を入れ始めた矢先、リーマンショックが発生。沿海部への資本集中と輸出に依存してきたことを反省し、内陸部の経済振興を加速させた。

その特徴のひとつが「内需拡大」。内陸部の膨大な購買力を押し上げ、輸出だけに頼らず自国経済をさらに発展させるため、サービス産業への投資も奨励した。その結果、内陸部の中間層・富裕層の伸びは沿海部を上回るほどになり、その市場を求めて外資も進出し、さらに経済成長するという好循環が生まれている。

また「西部大開発」と呼ばれるプロジェクトも進行。内陸西部の豊富な資源エネルギーを東部に供給し、西部の開発を進めつつエネルギー不足にも対応するものだ。こうした政策により、沿海部と内陸部の経済格差は減少し、中国がひとつの巨大なマーケットとなりつつある。

Column

「家電下郷」で家電製品の消費が高まる

リーマンショック後の景気後退を抑制し、内陸部の経済成長を後押ししたのが「家電《かでん》下郷《かごう》」政策だ。

これは、内陸農村部でテレビ、冷蔵庫、洗濯機、クーラーなどの指定された家電を購入すると価格の13パーセントの補助金が支給されるというもの。

都市部に比べ普及率が低かった家電の購入を刺激し、実施前の2倍近い販売を記録。

輸出減に悩む国産メーカーにとっても大きな救済策となる一石二鳥の政策となった。

海外だけでなく、国内にも目を向け始めた

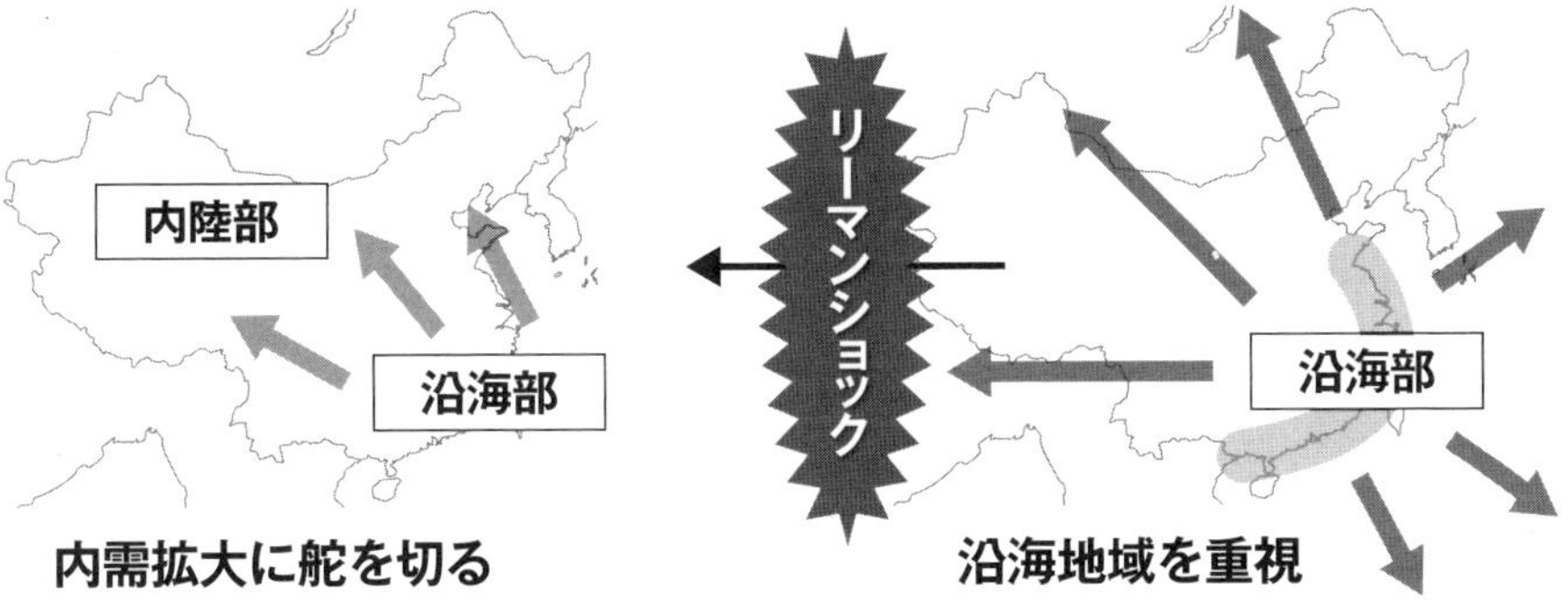
内陸部
沿海部
リーマンショック
沿海部

内需拡大に舵を切る

内モンゴルなどの西部大開発など、内陸部に対するインフラ整備をおこない、所得格差の解消をはかっている。

沿海地域を重視

加工貿易が経済発展の柱であり「世界の工場」として名を馳せていた。

沿海地区の産業が内陸部にも浸透しつつある

バイオ産業基地

重慶国家バイオ産業基地はバイオ医薬、漢方薬剤の規範化植林、グリーン農業用バイオ製品などの産業を育成。

国家大学サイエンスパーク

武漢東湖国家大学サイエンスパークは、中国初のインキュベーターや国際光電子博覧会の開催地にもなった。

ハイテク産業開発区

成都ハイテク産業開発区はインテル、モトローラなどの世界的企業を誘致し、手厚い研究開発支援をおこなう。

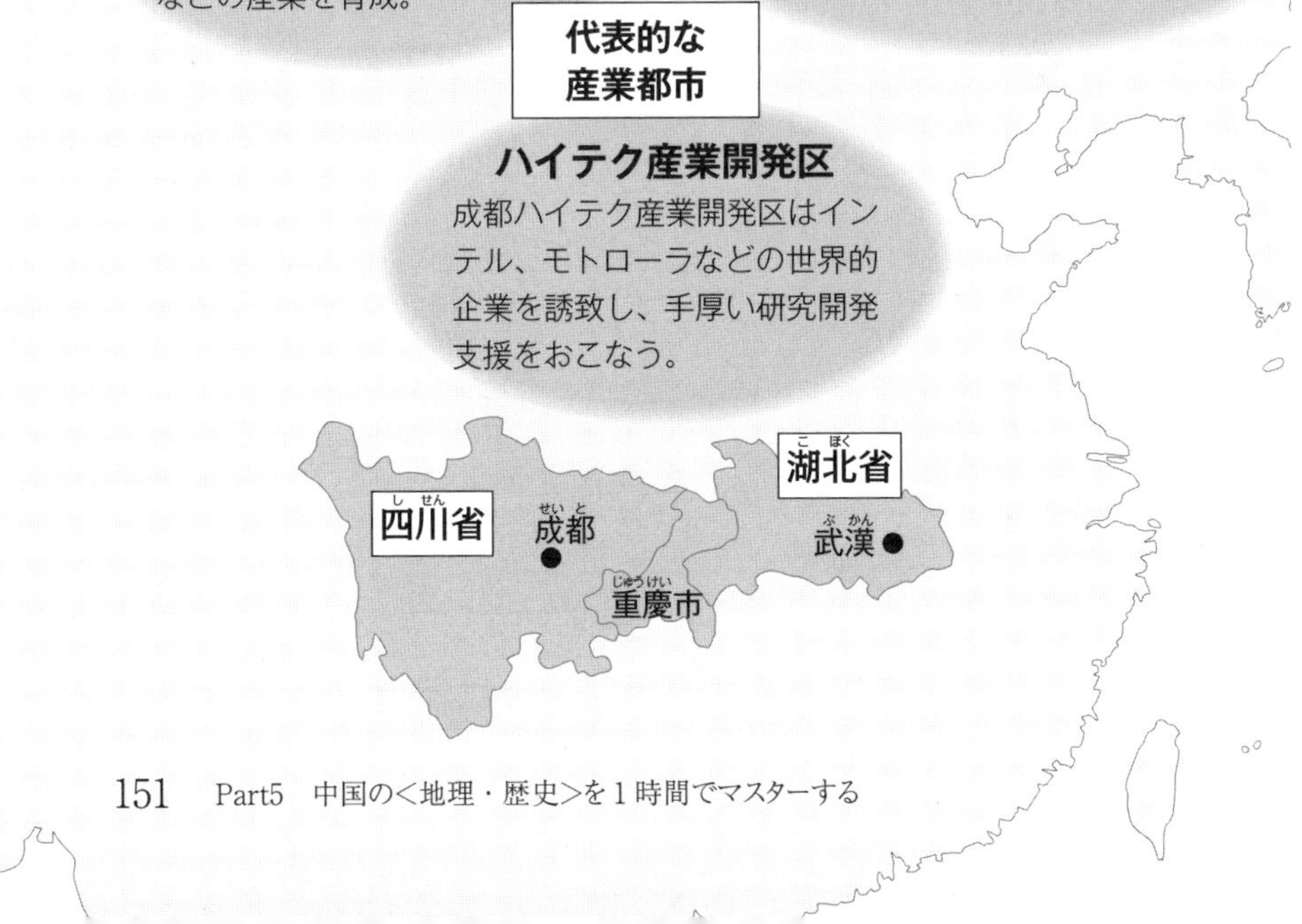
代表的な
産業都市
湖《こ》北《ほく》省
四川《しせん》省
成都《せいと》
武漢《ぶかん》
重慶《じゅうけい》市

北京

政治と文化の中枢。人・モノ・金が集まる

北京といえば、思い浮かぶのが天安門。明清両王朝時代には政治の中心であった紫禁城があった。毛沢東（P.162）もこの門の上で中国の建国を宣言した。そうした歴史的経緯を持つ建物があり、長らく政治文化の中心地であることに対して北京人は強いプライドを持っている。

そのため、北京人は愛国心が強く政治への関心も他地域の人より高い。また、「面子」を重視し、多少高価でも豪快にお金を使ってブランド品を購入する傾向が強いなど、プライドの高さが日常の消費生活にも表れるのが特徴だ。また、中央政府や党へのパイプを持つ人が多く、情報通で議論好き。

なにかと政治色の強い北京と商業色の強い上海では、政策や商習慣が違う。国の許認可を必要とするビジネスは北京、マーケットの動きをいち早く知れるのは上海。中国では地域性の違いは、そのままビジネスに強く影響する。ビジネスでは北京がすべての中心だと考えないほうがよい。

Column

モノづくりに対する考え方を知る

中国で必要以上の品質ハイスペックモデルの商品が必ず売れるかというと、そうではない。価格が手頃で、必要十分な機能があれば、中国の消費者は満足するのだ。

日本人は「いいものが売れる」というモノづくり信仰を持っている傾向が強い。妥協を許さず、質の高い商品を目指す。

これは日本においては評価される点であるが、中国からすれば「売れるものがいいもの」。これを心に留めて中国ビジネスにのぞみたい。

北京基本データ

行政区分：直轄市　主都：京城区
人口：約1961万人　面積：1.68万㎢
GDP：1兆3777億元　1人あたりGDP：7万4514元

北京の人はこんな人が多い

Beijing

情報通で政治への関心が高い

1を10に膨らませるほどよくしゃべり、政治経済の情報にも敏感。情報源となる人脈づくりにも余念がなく他地域の人に重宝される。

豪快にお金を使う

買い物をするときも決断が早く、安いものを探して店を何軒も回らない。広告プロモーションなどにも、あまり踊らされない。

プライドが高い

北京人であることに誇りを持ち、同時に愛国心も強い。そのため流行のデザインより、保守的でも立派さを誇示する国産品を選ぶ。

議論好き

首都に暮らすという「面子」をかけて、自分の正当性や見識を相手に認めさせようと、すぐ議論になる。

情に厚く、寛大

全国から優秀な人材を受け入れてきた歴史を持ち、いろんな人間に対して寛容かつ他地域のことにも気を配る傾向がある。

お酒は白《バイ》酒《チョウ》

中国の北部では、アルコール度数の高い「白酒」が人気。

上海

国際化が進む。ハイセンスでビジネス色が強い

上海万博開催で世界的な注目を集めた都市、上海。しかし中国の長い歴史の中ではもともとは目立たない存在だった。上海が歴史の表舞台に立ったのは、1842年のアヘン戦争終結後、上海にイギリス租界が誕生したことによる。街には西洋風の建物が並び、欧米の銀行も進出、各国から多くの商人もやってきた。

上海は、改革開放後の金融や商工業の中心となったが、上海人の国際的で都会的な志向や行動は際立っている。なかでもコスト意識と品質へのこだわりは突出している。あらゆる買い物は、わずかな金額でも値下げ交渉するのが基本。その一方で、安いだけでデザイン性の低い国産品には満足せず欧米や日本ブランドを好む。

比較的歴史の新しい都市だけに、他地域から来た人が多く、改革開放の空気と共に育ち、流行にも敏感で常に新しいものに飛びつく。そのことが、保守的な地域の人から見ると「軽薄で人情が薄く、信用できない」という評価にもつながってしまう。経済面で中国の最先端をいくため、他の地域からやっかみの目を向けられがち。

Column

中国ビジネスのコツ①　小さく始めて大きく育てる

停滞する世界経済の中では、やはり中国経済の底力は魅力的。特に中国政府が奨励するハイテク、環境技術などは日本の高い技術力に大きなチャンスがある。

しかし、いきなり大掛かりな投資をするのは中国の制度や政治上リスクも高い。たとえばインフラビジネスに乗り出すより、家庭単位で取り組めるソリューションの提案から始め、そこを足がかりに地方政府とつながりを強め、大きなビジネスに発展させるほうが〝スマート〟だ。

上海基本データ

行政区分：直轄市　主都：黄浦区
人口：2302万人　面積：0.63万㎢
GDP：1兆6872億元　1人あたりGDP：7万9907元

上海の人はこんな人が多い Shanghai

国際感覚に長けている

古くから海外に開けた都市であり、国際感覚豊か。ひとつの価値観にこだわらず合理的で柔軟な考え方をする都会的な志向が強い。

コスト意識が高い

可処分所得は他都市に比べ高いのに、コスト意識も他都市より数段高い。安いだけでは満足せず、安くて品質もいいものを選ぶ。

とってもビジネスライク

目先の利益に飛びつく反面、見切るのも早く常にビジネスライク。情に流されることが少ない点も"欧米スタイル"に近いといえる。

流行に敏感

常に新しいものを自分で試してみたいという欲求が強いのも特徴。「海派《ハイパイ》」と呼ばれる独特の文化を形成。デザインへの関心も高い。

お酒は黄酒《ホアンチョウ》

揚子江《ようすこう》の稲作地帯に近い上海では、お米が原料の「黄酒」（紹興酒《しょうこうしゅ》）が好まれる。

香港・マカオ

イギリス、ポルトガルからの返還後も経済は好調？

海外旅行の行き先としても人気の「香港」「マカオ」。でも、香港・マカオは国なのか、それとも中国の都市なのか、よくわからないまま出かけている人も多いかもしれない。香港は１９９７年に返還されるまでイギリス領。マカオも１９９９年の返還までポルトガル領だった。どちらも、当時の清国がアヘン戦争でイギリスに負けたことで植民地となっていたのだ。それでは、現在は中国と同じ政治体制かというと、実はそうではない。

返還にあたり、主権は中国に属するが外交と国防以外は自治をおこない、向こう50年間は資本主義も変えないという「一国二制度」が認められ、香港・マカオは特別行政区となっている。返還後、中国政府は経済や投資の緊密化、円滑化を進め、香港・マカオとの人、モノ、お金の動きはさらに増大している。

一方で、これまで東アジアの貿易・金融・情報センターとしての地位を築いてきた香港だが、中国の急速な経済発展で、その地位が上海などに奪われ、単なる中国の地方都市に陥る恐れも出ている。

Column

中国ビジネスのコツ②　二級、三級都市を狙え

ビジネスの市場として、どうしても上海や北京などの一級都市に目がいってしまうが、実は中国で狙い目なのは二級、三級都市。たとえば、広州《こうしゅう》などは二級の副省級《ふくしょうきゅう》市だが、総人口は１０００万人以上。市のＧＤＰでも上海、北京に次ぐ規模だ。

他にも日本の大阪や名古屋並みの人口を擁する都市は数多くある。新幹線の路線網でハブとなる都市ならさらに成長が見込める。

二級、三級都市といえども、その潜在力を決して軽く見てはいけない。

香港基本データ

行政区分：特別行政区
人口：約710万人
面積：1104㎢
GDP：1兆7481億香港ドル*1
1人あたりGDP：
　24万7332香港ドル
公用語：英語、中国語

マカオ基本データ

行政区分：特別行政区
人口：約55万6800人
面積：29.2㎢
GDP：223億4300万ドル*2
1人あたりGDP：
　3万9000ドル
公用語：ポルトガル語、中国語

「一国二制度」のもと資本主義を維持している

香港基本法
＝
資本主義
中国社会主義

1997年
イギリスから香港返還
↓
1999年
ポルトガルからマカオ返還
↓
特別行政区へ
中国本国とは別に独自の行政機関のもと、独自の法律が適用され、特別な自治権を持って運営される地域に。
↓
経済的な一体化が進む
返還後経済が低迷し、中国との経済協定を強化し貿易を拡大。中国への依存が高まり一体化が進んでいる。

香港やマカオは
国際色豊か
都会的で
ハイセンスな
人が多いよ

*1　香港の通貨。1香港ドル＝約0.82元
*2　マカオの通貨は「パタカ」。1パタカ＝約0.79元

その他

ビジネスチャンスが潜む注目の8都市

あらためて言うまでもないが、中国は本当に広い。そして、まだ日本で知られていない都市も数多くある。中国ビジネスを始めるうえで重要なのは、そうした「知られざる都市」の真の実力を、あらゆる面から知って理解することだ。

有名な大都市、一級行政区ばかりに目を奪われていると、本当は大きな潜在力のある都市のマーケットを見逃してしまう。また、それぞれの都市で、まるで別の国のように文化や経済、人々の志向や行動まで違うのも広大な中国の魅力。北京ではうまくいかなかったビジネスが広州《こうしゅう》では大成功するというようなケースもある。

つまり、それぞれの都市の個性や現状をよく知れば、自分のビジネスが受け入れられそうな都市が見つかる可能性も大きくなるということ。北京や上海だけでなく色々な都市に目を向けてみることをおすすめしたい。

ここではこれからの経済成長が期待される注目8都市について、その基本情報と特徴を見てみよう。

Column

中国ビジネスのコツ③ 地方政府と連携せよ

中国では外資がおこなえるビジネスに制限があるうえに、許認可や制度の適用などで地方政府との連携は欠かせない。しかし、逆に考えれば、国の動きを察知し地方政府とパイプをつくり連携すれば、ビジネスに政府の後押しが受けられるメリットもあるのだ。

地方政府の斡旋で合弁企業を設立したり、ハイテク開発区のインキュベーションセンターに入り、免税や補助金などの恩恵を受けることも、中国ビジネスの入口としては、有効に活用したほうがメリットが大きい。

中国は北京、上海だけではない

南京基本データ Nanjing

行政区分：江蘇省省都
人口：800万人
GDP：5010億元

中国四大古都のひとつ

古くから王朝の都として栄えた。現在は重工業だけでなく長江《ちょうこう》デルタ地帯の貿易、金融、情報センターとして発展が進んでいる。

瀋陽基本データ Shenyang

行政区分：遼寧省省都
人口：811万人
GDP：5017億元

東北地方の重要都市

日本との関係も深い副省級《ふくしょうきゅう》市。古くからの工業都市だが、中国の新しい経済成長のもとで観光やＩＴ産業にも力を入れている。

青島基本データ Tsingtau

行政区分：副省級都市
人口：872万人
GDP：5666億元

海外貿易がさかん

ドイツ植民地時代の面影を残す都市。中国最大の家電メーカー海爾集団の本拠。韓国ともフェリーで結ばれ経済と人の動きも活発。

成都基本データ Chengdu

行政区分：四川省省都
人口：1405万人
GDP：5551億元

サービス業が注目される

パンダ保護区やチベット観光への入口としても人気。商業都市としても活気があり、人々の購買意欲も上海に負けていない。

重慶基本データ Chongqing

行政区分：直轄市
人口：2885万人
GDP：7894億元

ひとつの市で北海道と同じ広さ

中国最大の直轄市。重工業の町として発展し外資自動車産業の集積地となっている。歩行街と呼ばれる巨大歩行者天国もにぎわう。

武漢基本データ Wuhan

行政区分：湖北省省都
人口：979万人
GDP：5516億元

ハイテクパークに外資が集まる

中国でも最大規模のハイテク産業開発区を持つ。独自のハイブリッド車開発もおこなわれ、環境保護対策にも積極的な未来志向の都市だ。

天津基本データ Tianjin

行政区分：直轄市
人口：1294万人
GDP：9109億元

貿易で栄える

大運河の貿易港を持つ直轄市。天津開発計画で近年急成長。また旧租界のレトロな近代建築群は世界からの観光客も呼び寄せている。

広州基本データ Guanzhou

行政区分：広東省省都
人口：1270万人
GDP：1兆604億元

華南地方最大の商業都市

改革開放でもっとも躍進した都市のひとつ。華南経済の中心都市であり、経済影響力と比例して広東《かんとん》語を学びに来る人も増えている。

歴史の考え方

中国人の「日本人観」を知ったうえでビジネスにのぞむ

中国人の日本人観を知るうえで、欠かせないポイントがある。まず、日本人はなにかと「反日感情」を気にするが、すべての中国人がいつも反日感情を抱いているわけではない。さらに言えば、彼らは日本人が考えるよりも世界に意識を向けている。なのに、日本人が〝自虐的〟になりすぎたり、歴史から不自然に目をそむけるのは、かえって彼らとの距離を遠ざけることになってしまう。

ビジネスのうえでも対等につき合うためには、歴史上のトピックについて、全体像をおさえたうえで、何かひとつでも詳しく学んでおくことを強くおすすめしたい。どちらが良い悪いではなく、事実を事実としてしっかり学ぶことが、彼ら中国人にとっては「中国に敬意をはらってくれている」ということにつながるからだ。

尖閣諸島問題でも靖国問題でも堂々と自分の主張をできるように、ひとつでもテーマを決めて自分の得意分野をつくっておきたい。相手と対等に議論するための「プチ理論武装」もときには必要だ。

Column

日本の明治維新は中国の手本となっている

日本を封建政治から中央集権の議会政治による近代国家へと変えた明治維新。混乱や犠牲者が少なく、前政権からの優秀な人材が多く残ったことで、この史実は現在も中国人から高く評価されている。決して、反日感情一色ではないのだ。

そうした日本の賢明さに学ぼうと、明治維新後の日本に孫文《そんぶん》や蒋介石《しょうかいせき》、周恩来《しゅうおんらい》などの後の要人が次々と留学。彼らを通して中国に存在しなかった「自由」や「経済」「社会」などの概念と言葉が日本から〝逆輸入〟されたのだ。

中国から見た「日本人観」を知る3つのポイント

POINT1

すべての中国人が反日感情を抱いているわけではない

よく誤解されるが、13 億人の中国人すべてが常に反日感情をあらわにしているわけではない。限られた地域で政治的な思惑から反日デモが起こることも多い。

POINT2

ひとつのトピックについて自分の意見を持つ

中国人から見ると、日本人は歴史の勉強が足りなすぎる。特にアヘン戦争以降の近代の中国史は現在の中国の成り立ちとして勉強しておきたい。

POINT3

中国人の視線の先は日本だけではない

彼らは、この先「どの国と、どうつき合うのが利益が大きいか」を考え、世界を広い視野で見ている。日本は〝one of them〟にすぎない。

日本企業が気をつけたい 7Days

日本企業が注意すべき記念日がある。これらの日には事務所開業式典や工場の起工式、派手なパーティは避けたほうが吉。

8月15日
抗日戦争勝利記念日(1945年)

9月3日
抗日戦争記念日(1945年)

9月18日
柳《りゅう》条《じょう》湖《こ》事件(満州事変 1931年)
満洲事変の発端となった関東軍による柳条湖事件が起こった日。

12月3日
南京大虐殺(1937年)

3月15日
消費者の日(消費者権益日)
消費者の権利問題に関係する意識が高まる日。

5月4日
五《ご》四《し》運動記念日(1919年)
中華民国の時代に北京から広がった反日、反帝国主義運動発生日。

7月7日
盧《ろ》溝《こう》橋《きょう》事件(日華事変 1937年)

大躍進政策
文化大革命

読み書きのできない「失われた世代」が生まれた

１９４９年、中華人民共和国を建国した毛沢東は、集団農業などのソ連型社会主義を実現させようとしていた。そのなか、数年でアメリカとイギリスを追い越すことを目標に、１９５８年に発動したのが農工業の大増産を目指した「大躍進政策《だいやくしん》」だ。

人民公社を設立し、農工商あらゆる分野を集団化。生産力増強を目論んだが、資材・技術不足のうえに、市場や生態系を無視して無理なノルマを課したために、現場は水増しした成果を報告。その実態を調査せず、増産を命じる悪循環で極度の経済混乱と国土荒廃から数千万とも言われる餓死者を出したため、毛沢東は失脚した。

密かに復権を狙っていた毛沢東は、党や政府に不満を持っていた青年を紅衛兵《こうえいへい》として組織化し扇動。大規模な党の粛清と「大公無私（個人の利益より公共の福祉を優先）」などの毛沢東思想による社会主義国家建設を目指し、１９６６年、「文化大革命」を始めた。この革命で、多数の知識人や教師が殺害され、学校や文化財も破壊。読み書きのできない世代が生まれ、国力は急低下した。

Column

このころの日本は……オリンピックや万博で盛り上がる

日本は所得倍増計画を実行、高度経済成長に突入。東京五輪や大阪万博などで戦後からの復興を国内外にアピールし、国力を増していた。

1956	国際連合に加盟
	南極観測開始
1964	東京オリンピック開催
	東海道新幹線開通
1965	日韓基本条約（韓国と国交回復）
1968	川端康成がノーベル文学賞を受賞
1970	日本万国博覧会

農業改革と重工業化を目指した「大躍進」

農地をすべて「人民公社」のものにした

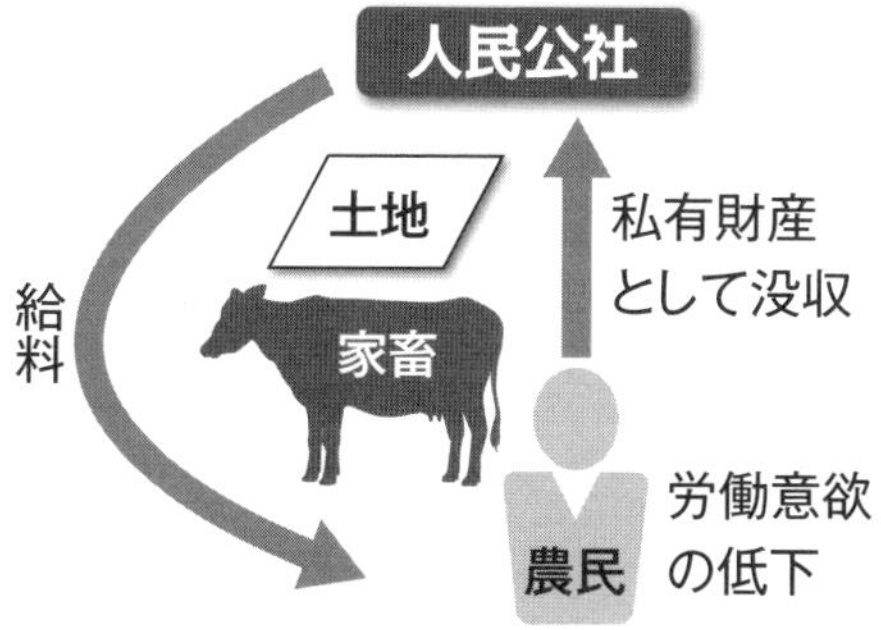
人民公社
土地
私有財産
として没収
給料
家畜
労働意欲
の低下
農民

無理な農業改革で
生産効率が低下

農地や住まい、店舗など生産、消費すべてを公有化し人民公社によって分配。教育や行政も人民公社でおこなわれ、小さな社会主義共同体が農村部に誕生。

同じ植物を密集させて栽培したり、何メートルも深く穴を掘り根を生やさせるなどの科学的根拠に乏しい農法などにより、生産力は激減。

鉄鋼の生産も同時におこなおうとした

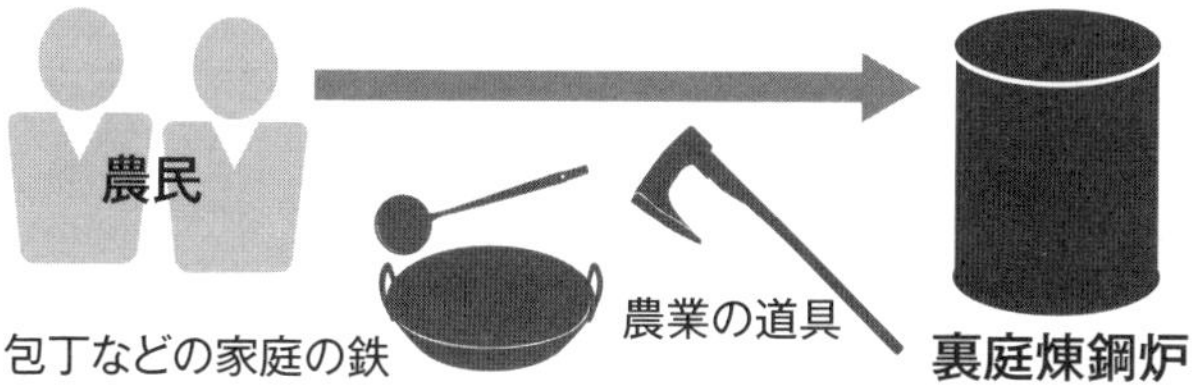
農民
包丁などの家庭の鉄
農業の道具
裏庭煉鋼炉

農民にも原始的な土法炉で製鉄ノルマを課した。原料の鉄鉱石が不足し農具まで溶かしたため農地が耕せず、生産された鉄も粗悪で意味のない結果に。

文化大革命で毛沢東が復権を図る

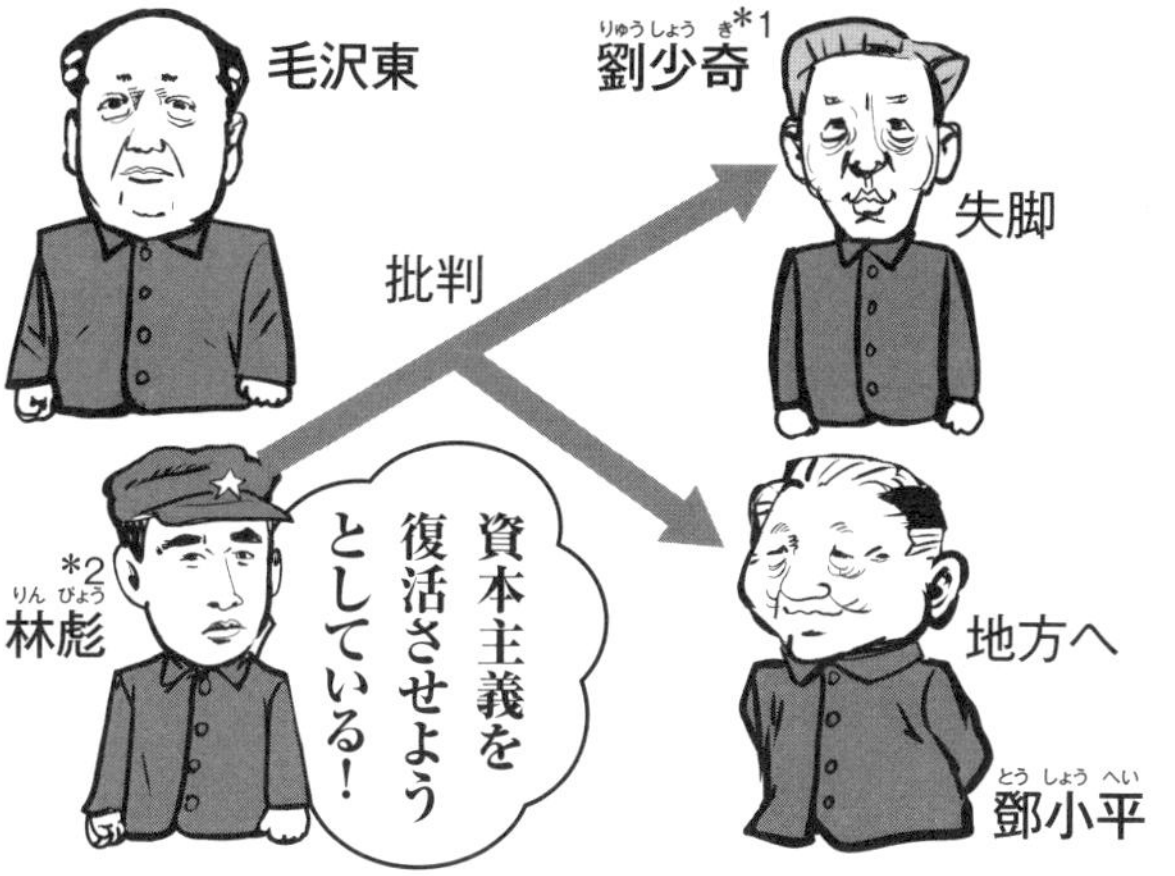
毛沢東
劉少奇《りゅうしょうき》*1
失脚
批判
*2
林彪《りんぴょう》
資本主義を復活させようとしている!
地方へ
鄧小平《とうしょうへい》

若者が
「紅衛兵」となり
国内が大混乱した

毛沢東思想を支持する学生らが紅衛兵運動を展開し、資本主義思想を持つとする知識人などを迫害。やがて紅衛兵どうしの派閥の武力闘争となり、商店の破壊など全国が混乱。

*1　1959年、毛沢東失脚後に国家主席となった
*2　長征などで活躍した国防部長。毛沢東の後継者に選ばれていた

天安門事件

事件をきっかけに「愛国教育」が徹底されるように

中国への観光客が必ず訪れる北京の天安門は、かつて世界を揺るがす事件の舞台となった。天安門事件である。1980年代、改革開放・自由化路線を推し進め、「百花斉放《ひゃっかせいほう》・百家争鳴《ひゃっかそうめい》」など言論自由化も提唱していた胡耀邦《こようほう》党総書記は国民の支持を集めていた。これに、党の保守派長老が一党独裁を揺るがすとして危機感を持ち1987年、胡総書記を解任。1989年4月に胡耀邦は死去した。

胡の死を契機に、学生たちの民主化を求めるデモやストライキが拡大。5月ごろには天安門広場に集まるデモ隊は50万人に膨れ上がり、民主化を求める市民広場と化した。この事態に政府は戒厳令を布告。ついに6月3日深夜から人民解放軍の装甲車による武力制圧が開始され、市街地でも民衆に向けて無差別発砲がおこなわれ死傷者が多数出た。この様子は海外メディアで中継され、世界中から非難が殺到。その後の中国の対外イメージを悪化させた。

事件後、党総書記となった江沢民《こうたくみん》は政治への不満を逸らさせる反日・愛国教育を強化させた。

Column

「天安門事件」は2回あった

1976年4月。文化大革命の行きすぎを是正しようと懸命に動いていた周恩来《しゅうおんらい》首相が亡くなったことを追悼するため、市民が天安門広場に花輪をささげた。その数は膨れ上がり、次第に追悼から文化大革命の強硬派「四人組」批判の集会へと変化していった。

これを恐れた四人組が花輪の撤去や取り締まりを指示。軍と警察部隊によって群集を襲撃し多くの血が流れた。これが後の89年天安門事件とあわせて、もうひとつの天安門事件と呼ばれるものだ。

学生たちが民主化を求め立ち上がった

鄧小平による改革開放政策 P.166

↓

保守派が精神汚染一掃運動を開始。対立が激化

自由主義国の思想や文化、民主化を求める国民に正しい「党教育」をおこなうことを決議。

↓

学生たちが民主化を求め集会

各地の大学で民主化、言論の自由を求める集会が開かれたが胡耀邦党総書記は黙認。

↓

胡耀邦が失脚、2年後に死亡

↓

学生たち、天安門広場で座り込み

↓

胡耀邦の後任、趙紫陽《ちょうしよう》は黙認

↓

趙紫陽が失脚

↓

抗議に集まった学生と人民解放軍が衝突

いまだに党や政府は人民の民主化運動を恐れ、天安門事件に関する報道は厳しく制限するなど、その影響は現在も続いている。

愛国教育がおこなわれ、近代史を徹底的に学ぶ

一党独裁と自国の歴史の正当性を教え、帝国主義による侵略の歴史を学ぶ。歴史の授業時間の３分の１以上を近代史に割く。

ほら これが中国の 歴史の教科書
どん!
初中 历史
うわっ こんなに近代史を 学ぶのか……

改革開放政策

鄧小平によって経済が一気に近代化した

度重なる失脚の後、四人組逮捕で三度政権に戻った鄧小平《とうしょうへい》が着手したのは、文化大革命によって疲弊し、他国に遅れをとった経済の立て直しだった。1978年、中国首脳初の訪日で目の当たりにした日本の先進技術にも衝撃を受け、その年12月の党全体会議で正式に「改革開放」を宣言。まず、農村改革を実行。人民公社を解体し、生産請負制で農家の努力次第で収入が増えるしくみを取り入れ、農業生産を飛躍的に増大させた。

この成功を応用し、赤字続きの国有企業にも経営請負制を採用、一定の成果をあげた。さらに沿海部に「経済特区」を設け、外資の誘致を図った。天安門事件で一時停滞するが、1992年には社会主義体制のもとで市場主義経済を導入すると発表。「先富論《せんぷろん》」を説き、再び国民の意識をひとつにして経済成長へと邁進。すべての省都を対外開放し、国家級経済技術開発区やハイテク技術産業開発区の設置と優遇措置により「世界の工場」「世界の技術開発拠点」としての地位を確立。GDP世界2位の経済成長を成し遂げた。

Column

「南巡講話」から始まった経済の立て直し

鄧小平が1992年1月から2月にかけて深圳《しんせん》、珠海《しゅかい》、上海などを視察。最終的に共に裕福になるために、経済的手段として市場経済を取り入れ、先に富める地域から豊かになり、遅れた地域を助ける「先富論」を実現することを訴えた。

鄧小平

改革は農業から始まった

人民公社が農地や家畜を所有していた

農地や家、農具や家畜なども公有制として「人民公社」が管理する代わりに、所得や食事なども配給制で保証されたため生産性が低かった。

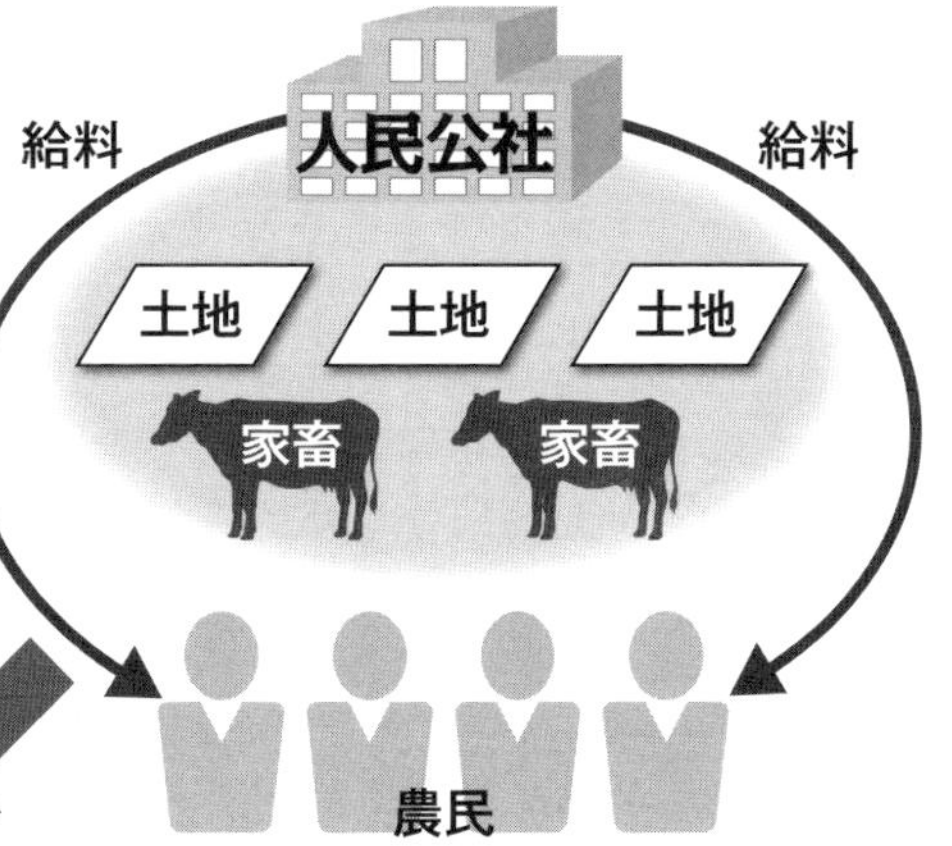
人民公社
給料
給料
土地
土地
土地
家畜
家畜
農民

生産性の向上
モチベーションアップ
郷《ごう》鎮《ちん》企業(P.122)の登場

人民公社を解体し生産請負制に

農家の規模ごとに一定額を納めれば、それ以上の収入は農家のものとなるのが「生産請負制」。農家の生産意欲や収穫が大幅にアップ。

沿海部を中心に外資を導入し、急速に発展

経済特区 の設置　外資の資本や技術を導入することを特別に認め、法律や行政面、税金などの優遇措置を設けた。

↓

沿海開放都市 の設置　経済特区とは別に1984年から大連《だいれん》、天津《てんしん》、青島《ちんたお》、上海、広州《こうしゅう》など14の沿海都市を外資に開放した。

↓

経済技術開発区 の設置　経済特区並みの優遇措置が受けられ、なおかつ中国企業との合弁などもおこないやすいように設けた。

急速な発展をとげた

One Point

駆け足で見る 中国近現代史

年	出来事	説明
1840	アヘン戦争	
1842	南京条約(英)	香港を英に割譲、上海など5港を開港
1851	太平天国《たいへいてんごく》の乱(~1864)	窮状に対し洪秀全《こうしゅうぜん》が宗教結社をつくり蜂起
1856	アロー戦争(~1860 VS英仏)	英が仏と共に広州《こうしゅう》を占領
1858	天津《てんしん》条約(英・仏・米・露)	中国が強く反対。再度出兵され円明園《えんめいえん》[*1]が破壊される
1860	北京条約(英・仏)	天津を開港。九竜半島南部を英に割譲
	洋務《ようむ》運動	曾国藩《そうこくはん》、李鴻章《りこうしょう》らが西洋の技術を導入
1884	清仏戦争(~1885 VS仏)	ベトナムの宗主権をめぐり対立

年	出来事	説明
1932	満州国建国	皇帝は溥儀《ふぎ》
1934	長征《ちょうせい》の開始	毛沢東の指導力が高まる
1936	西安事件	張学良《ちょうがくりょう》が蒋介石をとらえ、抗日、内戦停止を説得
1937	盧溝橋《ろこうきょう》事件	日中戦争が開始
1949	中華人民共和国建国	毛沢東が天安門広場で宣言。蒋介石は台湾に逃れ中華民国政府を維持
1958	大躍進《だいやくしん》政策	⬇P.162
1966	文化大革命	⬇P.162
1969	珍宝島でロシア軍と衝突	
1971	国際連合に加盟	中華人民共和国が世界に認められる

*1 北京にあった清朝の離宮
*2 孫文が唱えた「民族主義」「民権主義」「民生主義」の三原則からなる政治理論

1894	日清戦争（〜1895 VS日）	
1895	下関条約（日）	朝鮮が独立、台湾を日本に譲渡。これを機に列強による干渉が強まる
1900	義和団《ぎわだん》事件	反キリスト教宗教結社による武装蜂起
1905	中国同盟会発足	孫文《そんぶん》が「三民主義」[*2]を掲げる
1911	辛亥《しんがい》革命	革命派が蜂起
1912	中華民国成立	臨時大統領に孫文
1919	五四《ごし》運動	日本製品の排斥、ストライキが起きる
	国民党結成	
1926	北伐《ほくばつ》の開始	蒋介石《しょうかいせき》が中国統一を目指す
1927	国民政府樹立	蒋介石が南京で主席となる
1928	張作霖《ちょうさくりん》爆殺事件	日本が東北の支配を図り、列車ごと爆破
1931	満州事変	日本が柳条湖《りゅうじょうこ》で鉄道を爆破、東北地方占領

1972	日中国交正常化	
1976	周恩来《しゅうおんらい》、毛沢東死去	
	四人組逮捕	文化大革命の指導者たちがつかまる
1979	一人っ子政策開始	↓ P.82
1989	天安門事件	↓ P.164
	江沢民《こうたくみん》が国家主席に	
1992	南巡講話《なんじゅんこうわ》	↓ P.166
1997	香港返還	↓ P.156
1999	マカオ返還	↓ P.156
2001	WTO加盟	↓ P.116
2003	胡錦濤《こきんとう》が国家主席に	
2008	北京オリンピック開催	
2010	上海万博開催	

One Point

ひと目でわかる 中華人民共和国MAP

ロシア
黒龍江省
ハルビン
長春
吉林省
内モンゴル自治区
瀋陽
遼寧省
朝鮮民主主義人民共和国
河北省
フホホト
北京市
天津市
太原
石家荘
済南
大韓民国
山西省
山東省
西安
鄭州
陝西省
江蘇省
合肥
河南省
南京
上海市
湖北省
武漢
安徽省
杭州
南昌
浙江省
長沙
湖南省
江西省
福州
福建省
台北
台湾
広東省
広州
香港
マカオ
南寧
広西チワン族自治区
海口
海南省

モンゴル国
ウルムチ
銀川
寧夏回族自治区
新疆ウイグル自治区
甘粛省
青海省
西寧
蘭州
黄河
長江
チベット自治区
成都
四川省
ラサ
重慶市
貴陽
昆明
雲南省
貴州省
○ 直轄市
• 省都
■ 自治区政府所在地
★ 特別行政区

1年後
相変わらず活気があるなぁ
高橋さんお客様です
?
陳さん!
吉村さん!
中国語うまくなったじゃない
ちょうど来る用事があってね
今会議が終わるので食事でもどうですか
……おふたりの言う通りやっぱりまずは異文化理解でした

彼らの文化を知れば コミュニケーションは スムーズにとれる
まだまだビックリするような 違いもあるけど
……それも 中国ビジネスの面白いところだって 思えるようになったんだ……
高橋さん…… 変わったね
自信が みなぎって いるよ！
え～？ 僕は前から 自信満々 ですよ！ やだなぁ～
アッハッハ

Message

この本で取り上げた内容は中国ビジネスの基本中の基本。中国ビジネスの奥行きの深さはこれからが本番。「道」はまだまだ続きます。

彼らの価値観や行動様式を理解するには彼らの「面子」（メンツ）を理解することも必要。現場での実践的なテクニックの習得も必要。一歩ずつ前向きに中国ビジネスに取り組んでください。

出版にご尽力いただいた関係者の皆さんに心より感謝します。読者の皆さんが「異文化理解」を深め、前向きに中国ビジネスと向き合うことができれば、幸いです。

吉村 章

参考資料―以下の資料を参考にさせていただきました。ありがとうございます。

『すぐに役立つ　中国人とうまくつきあう実践テクニック』　吉村章(総合法令出版)
『知っておくと必ずビジネスに役立つ中国人の面子(メンツ)』　吉村章(総合法令出版)

＊

参考文献

『いま誰もが気になる　中国の大疑問』　ニュースなるほど塾編(河出書房新社)
『改訂版　中国のことがマンガで3時間でわかる本』　筧武雄、馬成三(明日香出版社)
『激動！　中国の「現在」がわかる本』　天児慧監修、株式会社レッカ社編著(PHP研究所)
『現代中国「解体」新書』　梁過(講談社)
『最新世界史図説タペストリー　九訂版』　川北稔、桃木至朗監修(帝国書院)
「週刊ダイヤモンド」(2010/10/30)(ダイヤモンド社)
『詳説世界史』　佐藤次高、木村靖二、岸本美緒(ほか3名)(山川出版社)
『図解　中国のしくみ　WTO加盟後と新指導部体制対応版』　稲垣清(中経出版)
『中国』　渡邉義浩、松金公正(ナツメ社)
『中国経済の真実―上海万博後の七つの不安―』　沈才彬(アートデイズ)
『中国情報ハンドブック[2011年版]』　21世紀中国総研編(蒼蒼社)
『中国年中行事·冠婚葬祭事典』(明日香出版社)
『中小企業のための　新任中国現地管理者ハンドブック』(独立行政法人　中小企業基盤整備機構)
『徹底予測中国ビジネス2011』(日経BP社)
『徹底予測中国ビジネス2010』(日経BP社)
『日本との比較でわかる中国のしくみ』　柏木理佳(ナツメ社)
「Pen」(No.274)(阪急コミュニケーションズ)
『ポケット図解　中国がよ～くわかる本』　阿部雅志、布施克彦(秀和システム)
『本当はどうなの？　これからの中国』　朱建榮(中経出版)

参考サイト

JETRO　http://www.jetro.go.jp/indexj.html
中華人民共和国国家統計局　http://www.stats.gov.cn/english/
Science Portal China　http://www.spc.jst.go.jp/

吉村　章（よしむら　あきら）

1961年生まれ。留学/海外赴任を経て1996年に台湾最大のIT関連業界団体であるTCA駐日代表として帰国着任。日本企業の中国進出支援、中国市場の開拓が主たる業務。現場での経験やノウハウを体系化した「中国ビジネススキルアップ研修」を実施。実践的な内容に定評がある。NPO法人アジアITビジネス研究会理事、独立行政法人中小企業基盤整備機構国際化支援アドバイザー。産経新聞社「フジサンケイビジネスアイ」にコラム連載中（毎週月曜）。著書に『すぐに役立つ中国人とうまくつきあう実践テクニック』『知っておくと必ずビジネスに役立つ中国人の面子』など。

装幀　石川直美（カメガイ デザイン オフィス）
装画　弘兼憲史
本文イラスト　飯村俊一
本文デザイン　バラスタジオ（高橋秀明）
校正　滄流社
編集協力　ふみぐら社（弓手一平）
　　　　　オフィス 201（高野恵子、荒井未央）
編集　鈴木恵美（幻冬舎）

知識ゼロからの中国ビジネス入門

2011年12月15日　第1刷発行

著　者　吉村　章
発行人　見城　徹
編集人　福島広司

発行所　株式会社　幻冬舎
〒151-0051　東京都渋谷区千駄ヶ谷4-9-7
電話　03-5411-6211（編集）　03-5411-6222（営業）
振替　00120-8-767643
印刷・製本所　図書印刷株式会社

検印廃止

ISBN978-4-344-90238-1 C2095
Printed in Japan
幻冬舎ホームページアドレス　http://www.gentosha.co.jp/
この本に関するご意見・ご感想をメールでお寄せいただく場合は、comment@gentosha.co.jpまで。